Reise ins Innere Ausland

1. Auflage 2017

ISBN 978-3-95494-125-4
www.edition-falkenberg.de
www.heide-marie-voigt.de

Heide Marie Voigt

Reise ins Innere Ausland

4 x 4 Texte zum Umzug in eine größere Wohnung

Edition Falkenberg

Vorwort

von Christiane Palm-Hoffmeister

Eine freche Hand (oder ist es ein vorlauter Vogel?) zieht uns hinein in das Labyrinth von Heide Marie Voigts Suche nach einem Ausweg aus der vermeintlichen Sackgasse Älterwerden. Ihre witzigen Strichzeichnungen sind Wegzeichen und Stolpersteine zugleich auf den Stationen der Alltagsszenen, die der Erzählerin begegnen, die sich neugierig aufgemacht hat, um die neue Lebensphase jenseits der Siebzig zu erkunden und zu erobern. »Ich nehme mich wichtig. Das ist, was ich tun kann. Ich schreibe nicht Geschichten, sondern schichte Erfahrungen und klopfe das Gedankengebäude, das so entsteht, ab, um zu sehen, ob man in diesem Haus wohnen kann.«

Wer sich auf den Weg von Heide Marie Voigt einlassen will, findet eine riesige Schatztruhe mit kostbaren Impulsen, Textgeschenken, Querverbindungen, Anregungen, Handlungsvorschlägen, Fingerzeigen – und leere Seiten für Notizen, Kommentare, eigene Erlebnisse. Das ist konsequent, damit die Provokation zum Dialog werden kann.

Ja, die Autorin will provozieren, nicht schönmalen: sie verlässt abgenutzte Denkautobahnen. Ihre Wege sind nicht mehr vorgespurt. Sie sucht neue Pfade durch das Gestrüpp der Welt in Zeiten der Globalisierung. Sie versucht Begegnungen mit Nachbarn und Fremdlingen, wagt den Blick über Grenzen und Zäune, und stellt sich dem Spiel des Lebens mit seinen schwer durchschaubaren Regeln. Sie macht den Leserinnen und Lesern Mut: Höre nicht auf zu spielen und lass Dich ein. Auf das Leben.

Reise ins Innere Ausland

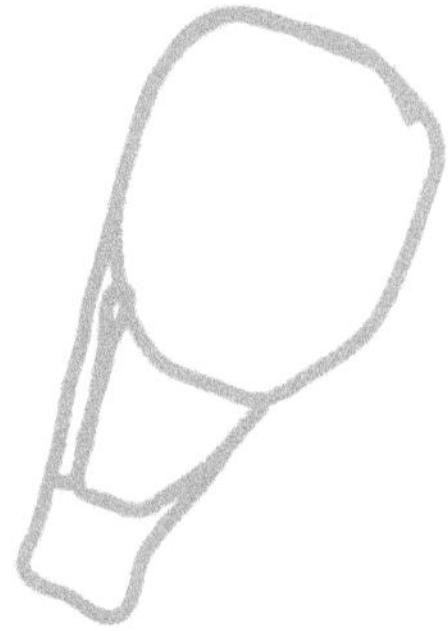

4 x 4 Texte zum Umzug in eine größere Wohnung

Aufbruch

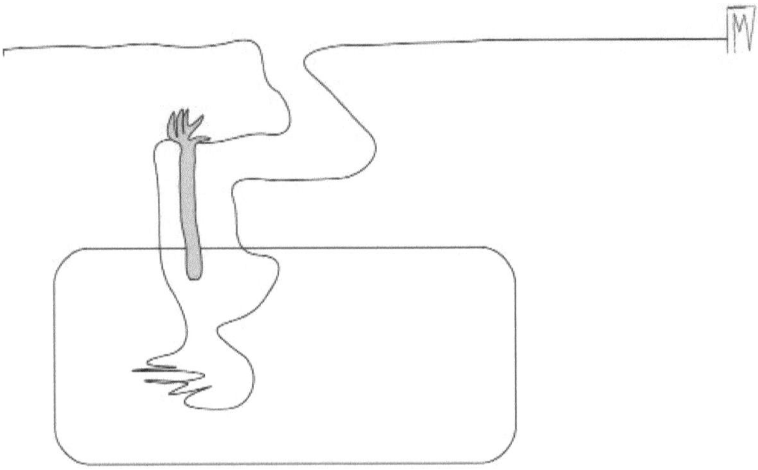

Wenn es Zeit ist, werde ich eine lange Reise machen. Ich halte sie nicht für gefährlich. Ich werde mich ans Fenster setzen und hinaussehen. Ich werde lesen und mein Butterbrot auspacken. Ich habe die Vorstellung, dass die Fahrt durch Tunnel gehen wird und durch eine gebirgige grüne Landschaft – vor allem wird sie lang sein, an einem grauen Tag, ich werde mich in Geduld fassen müssen.

Sie werden sich über meine Ankunft freuen. Ich werde mich bei der Ankunft freuen. Dieser Freude wegen werde ich die Reise machen. Ich werde in einem sonnigen friedlichen Land ankommen. Ich werde dort zu Hause sein.

Noch verschiebe ich die Reise. Ich bin noch nicht fertig. Ich wage sie noch nicht. Vielleicht bin ich einfach nicht sicher, dass ich erwartet werde. Ohne Freude wäre die Reise vergeblich, sinnlos. Es könnte eine Reise ins Ungewisse werden. Auf jeden Fall führt die Reise ins Ungewisse, das weiß ich, es gibt keine Sicherheit über die Ankunft. Ich misstraue Versicherungsgesellschaften …

Noch verschiebe ich die Reise. Ich will mich hier einrichten, dass ich mich wohl fühle, vorläufig. Ich will mich hier einrichten und Freude sammeln und warten, dass es Zeit ist.

Warum muss ich eigentlich?

oder: Wie die Anderen es machen

Ende gut – alles gut

Das ist das Ende. Das Ende fängt gut an. Aber: Wo fängt das Ende an? Vielleicht am Anfang?

Der Anfang fängt an mit einem Ende: Die Geburt fängt an, wenn das Kind vertrieben wird. Aus dem Paradies, also schreiend. Ein Anfang mit Schrecken. Das ist der Anfang vom Ende.

Und siehe, es war sehr gut.

Na gut. Wenn du meinst.

Nun bin ich dem Ende schon näher als dem Anfang. Ich bin Anfang 70, also am Anfang vom Ende. Es fängt gut an: Ich ziehe um. Die neue Wohnung ist ohne Treppen, der Garten ist klein, die Schränke noch leer, all die Dinge, die mich überleben werden – was ich anfangs nicht wusste, als sie bei mir einzogen – sind noch in Kartons verpackt.

Und nun – fängt meine Geschichte an. Sie heißt:

Bahnhof umsteigen, es zieht
oder: wie mich mein Provider beim Umzug unterstützte

Vorneweg

… sehr freundlich! »Um unseren Service stetig zu verbessern, werden Gespräche vereinzelt abgehört. Sollten Sie damit nicht einverstanden sein …« Ich war also immer sehr freundlich – um mich nicht schämen zu müssen. »Danke, dass Sie gewartet haben«, sagten die höflichen jungen Leute auf der anderen Seite, wenn sie mal etwas länger nachfragen mussten, weil die Unterstützung inzwischen ein etwas längerer Vorgang war. Wir waren alle sehr nett miteinander.

Dann die Chronologie

Frühzeitig Mitte November informiere ich meinen Provider (so heißt das, glaube ich. Den Namen darf ich nicht sagen, sagt meine Verlegerin) im Shop am Herdentorsteinweg von meinem Umzugstermin – voraussichtlich am 6.1.2014. Vorläufige

Auftragsbestätigung vom 26.11.: Freischaltung am 6.1. zwischen 8 und 13 Uhr.

So weit so gut.

Nur – der Umzugstermin lässt sich nicht halten, also Mitte Dezember Verlegung auf den 18.1. Kein Problem. Die zweite Auftragsbestätigung? Keine Ahnung, ordnungsgemäß abgeheftet ist sie nicht.

Am Montag, den 6.1., ist das Telefon tot.

Handy-Anruf beim Kundenservice. »Kann nicht sein – hier steht 18.1.! Rufen Sie die Störungsstelle an!« Dort: »abgeschaltet!« Zurück zum Kundenservice. Noch einmal gegen Abend: Dringend! Am 8.1. ist ein seit Langem verabredeter Telefontermin! Wichtig!

Am 7.1. Anruf und E-Mail. E-Mail-Antwort: Rufen Sie den Kundenservice an! Sehr witzig.

Am 8.1. fällt auch die E-Mail-Verbindung aus.

Abgeschnitten! In der Umzugszeit! Handwerker! Freunde! Umzugshelfer!

Außerdem: Ich organisiere zurzeit ein Stadt-weites Projekt!

Am 8.1. im Shop am Herdentorsteinweg: »Tut uns Leid. Leider – es dauert zur Zeit fünf Tage!« ... also bis Freitag, den 10.1.? Na ja, geht noch! Der Telefontermin ist sowieso im Eimer.

Geht nicht. Am 10.1. im Shop: Es ist dringend!

Am 13.1. im Shop: Herr B. nimmt mir ruhig und kompetent den Wind aus den Segeln: »Die Kosten übernimmt der Provider, keine Sorge. Ich kümmere mich, rufe so bald wie möglich zurück. Selbstverständlich sollen Sie telefonieren können.«

Inzwischen Nachrichten im Briefkasten der neuen Wohnung: »Leider haben wir Sie nicht erreicht. Neuer Termin: am 13.1.« »... neuer Termin am 18.1.« Ich leere den Briefkasten am 18. beim Einzug.

14.1.: Protestbrief per Einschreiben, Beschwerdestelle Telekommunikation.

Antwort? – Bisher nicht ... nie und nimmer ...

14.1.: Nachricht per Handy: Neuer Termin am 20.1.! Na gut, noch eine Woche – dann ist es überstanden!

20.1.: Ich sitze einsam im Chaos von Kisten und Kasten in der leeren Wohnung und warte ... die Spannung steigt, die Verzweiflung auch ... bis 13 Uhr kein Techniker ... bis 14 Uhr ... Anruf beim Kundenservice. »Ihr Handy-Guthaben beträgt 0,0 Cent.« Wo bitte gibt es hier eine neue Handy-Karte ?? Wie lädt man das auf? Suche im fremden Stadtteil. Um 17:30 Anruf beim Kundenservice. Ein geduldiger Herr M. recherchiert auf seinem Bildschirm: »Hier steht am 16.1.: *Ablehnung der* ... (Namen werden hier nicht genannt – siehe oben!), *es liegt bereits ein Auftrag für den Anschluss vor.* Haben Sie schon mal ausprobiert, ob es geht?« Nein. Ich habe auf den angekündigten Techniker gewartet. »Sonst rufen Sie die Störung an.«

Ich probiere das Telefon, es gibt einen Dauerton von sich – und beim Wählen: »Dienst oder Dienstmerkmal nicht möglich.« Anruf bei der Störungsstelle um 17 Uhr 41. »Wir rufen zurück.«

Am 21. Nachricht auf dem Handy, unbekannte Rufnummer mit Vorwahl 0422 – was tue ich????

Einschub zum Handy

Wieso ist eigentlich für den Provider selbstverständlich, dass ich eines besitze? Dass ich damit umgehen kann??? Ich starre auf die angegebene Nummer, versuche mich zu erinnern, das Ding schaltet auf Energiesparen, wird dunkel. Drei Tipp-Vorgänge, einer davon falsch, ich weiß nicht, wie das geht, in meinem Kopf zieht es, Bahnhof umsteigen, aber welcher Zug? Ich bin so durcheinander wie die gut beschrifteten Umzugskartons mit all den Überraschungen darin – kein Gedanke ist klar – kein Tipp-Vorgang eingeübt – Panik, ich laufe schief!!!

Also: grundsätzlich keine unbekannten Telefonnummern auf dem Handy zurückrufen!

Ich rufe zurück – und siehe da, Firma Assmann im Auftrag des Providers! Wir verabreden einen Techniker-Besuch am 22.1. Er stellt fest: Das Telefon gibt einen Dauerton von sich – und beim Wählen: »Dienst oder Dienstmerkmal nicht möglich.« Er stellt fest: »Das liegt an der … (wie gesagt, Namen …), die haben nun 24 Stunden Zeit!«

Anruf beim Kundenservice. Das Gespräch wird unterbrochen. Handy-Guthaben wieder verbraucht?

Neuer Versuch.

Ich erfahre, dass auch das Handy den Kontakt kostenlos herstellt. Gut so: das Gespräch dauert 45 Minuten. Ich erfahre, dass am 6.2. geschaltet werden soll.

Noch zwei Wochen!!!

Frau L. gibt mich eine Etage höher an Frau B. Frau B. lässt mich warten, » … danke, dass Sie gewartet haben …«, gibt mich weiter an die Vertragsabteilung. Herr J. nimmt sich Zeit » … danke, dass Sie gewartet haben …«. Ich erfahre: »… zwei Schritte … abgelehnt von der … (Name) … Übergabedatum …« – nein, genauer will er das nicht erklären. Etwas ist schief gelaufen, er ist nicht einverstanden …

Er legt den Vorgang auf Wiedervorlage und vertraut auf meine Kreativität, wie ich die Durststrecke bis zum 6. Februar überstehe, er versucht, mir einen Prepadestick zu erklären –

ich bin schlicht nicht mehr aufnahmefähig. Ich vertraue auf meine Kreativität.

Wunder passieren! das Telefon geht! Am 25.? 26.? Ich weiß es nicht mehr. Der Techniker von der … (siehe oben) weiß sogar, wo der Hausanschluss liegt. Es dauert nur drei Minuten. Dieser Techniker war schon am 6. Januar da und hat sich gewundert, warum er nicht schon längst wiederkommen sollte. »Das liegt an Ihrem Provider.«

Also, das Telefon geht – die E-Mail nicht.

Ergebnis 1

Ich stelle mich auf den 6.2. ein. Auch nicht schlecht – ohne Stadt-weites Projekt, einfach nur auspacken und ankommen.

Morgen ist der 6. Februar! Morgen kann das Projekt weiterlaufen, die Presse wartet auf die versprochenen Veranstaltungslisten.

Ergebnis 2 (mein Beitrag, um den Service stetig zu verbessern!) steht in »Die Macht der Computer und die Ohnmacht der Vernunft« von Weizenbaum:

» ... die Verantwortlichkeit schlechthin ist verschwunden.« *(Joseph Weizenbaum, Die Macht der Computer und die Ohnmacht der Vernunft, 1976, suhrkamp taschenbuch 1977 S. 315.)*

Die netten jungen Leute, die auf ihrem Bildschirm den immer länger werdenden Vorgang nachlasen und den nächsten Schritt einleiteten, mussten in der nächsten Minute einen neuen Gesprächspartner begrüßen: »Mein Name ist ..., was kann ich für Sie tun?« Punkt. Bahnhof umsteigen. Verantwortung? Ich nehme nicht an, dass sie gut bezahlt sind, ich nehme an, sie sind abends ausgelaugt.

Dazu eine kleine Beobachtung:

Vor Jahren habe ich im Shop am Herdentorsteinweg einen Mitarbeiter gefragt: »Sprechen Sie mit mir – oder mit dem Computer?« Er sah mich überhaupt nicht an. Das ist anders geworden. Inzwischen spricht man dort mit den Kunden.

Wir sind lernfähig.

Das Problem, das Weizenbaum schon 1976 ausführlich darstellt, ist eine ernste Sache. Nicht nur beim Umzug. Wir können die Computerisierung nicht einfach zurückdrehen – aber Verantwortung übernehmen.

Nachtrag vom 6. Februar, 12:51

Hurra – wie versprochen, es geht! Ein Techniker war nicht da, aber ich habe schon 95 E-Mails aus dem Ordner »ungelesen« in den Ordner »gelesen« verschoben, zum Teil beantwortet. Zum Beispiel an den Kundenservice meines Providers: »Hallo, ich bin wieder online und kann nun antworten auf Ihre Anfrage vom 15.1., dass meine Anfrage vom 9. 1. hinfällig ist. Ein bisschen absurd, das Ganze.« Ob das jemand liest?

Außerdem ist da eine Rechnung von der … (Name wie oben) vom 20.1.2014 (!) über 434,19 €, unterschrieben vom Leiter des Kundenservice. Die werde ich auf Papier beantworten.

Nachtrag vom 6. September 2014

Warum habe ich mich eigentlich so aufgeregt? War doch schön, die Zeit ohne … Ist doch beruhigend, dass diese Technik nicht fehlerfrei funktioniert – auch bei den Profis nicht.

Inzwischen kenne ich viele ähnliche Geschichten –

und die Nachricht von einem Mitarbeiter einer Hilfsorganisation, der in Palästina von einer Drohne ermordet wurde. Aus Versehen, Fehler können passieren!

Der Anfang vom Ende, das ist:

Präzisionsbarock! Perfektionismus! Schöne Neue Elektronische Zukunft! Glaube an eine Fehler verzeihende Technik wie an die Gnade von Gott Vater!

Halt! Stop! Wir laufen schief! Bahnhof umsteigen! Hier! Jetzt!

Am Ende ist gut, wenn sich schon am Anfang die menschliche Schwäche erweist, die menschliche Schwäche der Technik. Indes – wir neigen dazu, den Anfang vom Ende zu trennen – und schenken der Enkelin das ersehnte ferngesteuerte Auto und der Bundeswehr Drohnen –

und was hat das denn nun mit dem toten Telefon zu tun? Und mit dem Tod?

Ja. Ich denke mir das Ende gut – und verbinde es mit dem Anfang. Das fühlt sich gut an für mich. Ich kann deshalb weiter denken. Ich denke: ein Handy hatte der Ermordete in Palästina auch – und sein Mörder nur eine Maus.

Ich kann denken und etwas tun.

Augenblicke des Glücks

»Jetzt bin ich glücklich«, sagt Frau Seidelmann.

Frau Seidelmann ist eine alte Frau. Als junge Frau ist sie in die Provence geflohen aus dem Elend des Nachkriegsdeutschlands, hat ihr Haus gebaut in Roussillon, hat einen Mann aufgenommen und wieder vertrieben. Wie die Bettwanzen in dem alten Bettgestell aus Nussbaumholz, das sie auf dem Flohmarkt gekauft hat.

Flohmarkt. Mich hat Frau Seidelmann eingeladen in ihr Auto. Sie zeigt mir den Markt in L'Isle-la-Sorgue, Antiquitäten und schöne Spitzen und Früchte und Menschen. Sie sagt: »Jetzt bin ich glücklich.«

Wenig später sagt sie den Satz noch einmal. Sie hat Freunde eingeladen auf ihre Terrasse. Sie feiert Geburtstag. Sie ist in der Provence alt geworden.

»Jetzt bin ich glücklich.« Sie sagt es – wie um sich aufmerksam zu machen, wie um das Glück nicht zu verpassen – in diesem Leben.

Also, was ist Glück?

Das, was Pavel Kohut beschreibt?

»Denn unser Held von immer traurigerer Gestalt hat doch seine Sternstunde erlebt, als er für einige Tage endlich jener wurde, zu dem man ihn bis dahin völlig unbegründet hochgejubelt hat: ein Held und geistiger Träger des waffenlosen Widerstandes der Tschechen und Slowaken gegen jene 600.000 gepanzerten Mannen, die das durch brüderliche Judasküsse getäuschte Land am 21. August 1968 heimtückisch überfielen. In jenen Tagen, als fast die gesamte politische Führung, zunächst zu Paketen verschnürt und dann in Geiseln verwandelt, von der Breschnew-Gruppe in Moskau in die Mangel genommen wurde, war es das Volk selbst, das der riesigen Armada paroli zu bieten wusste und sie lahmlegte, das die Ehre und Würde aus eigener moralischer Kraft bewahrte, ohne ein unsinniges Blutvergießen zu provozieren.

Die augenblickliche Verlegung der staatlichen Rundfunk-, ja sogar Fernsehsender, der Druckereien und sämtlicher Kommunikations- und Befehlszentralen in den Untergrund, die Abmontierung von Hunderttausenden Wegweisern, Orts-, Straßen- und Haustafeln wie die Verstrickung der fremden Soldaten in endlose Diskussionen, in denen sie mittels Marx und Lenin über ihre Tat aufgeklärt wurden, diese geniale Improvisation, an der fast fünfzehn Millionen Menschen teilnahmen, das war die Meisterleistung der besten Marke Schwejk. Dazu kam, dass sie nicht duckmäuserisch nur der Rettung eigener Haut diente, sondern offensiv die Freilassung der gefangenen Politiker verlangte und erzielte.«

(Pavel Kohut, Der große Brave mit dem schlechten Ruf. Ein Schwejk-Nachruf).

War Norbert Neumann-Breeger glücklich, als er sagte:

»Wir haben noch nichts erreicht, aber etwas in Bewegung gebracht. Ohne uns hätte es diesen Gesinnungswandel nicht gegeben.«?

(Norbert Neumann-Breeger, Vereinigte Bürgerinitiativen gegen die A 281, 12.5.09)

Kann man im Unglück glücklich sein?

»Wörter wie Gott und Tod und Leiden und Ewigkeit muss man wieder vergessen. Man muss wieder so einfach und wortlos werden wie das wachsende Korn oder der fallende Regen. Ausschließlich nur noch sein.«

»Das ist unsre einzige moralische Aufgabe: In sich selbst große Flächen urbar zu machen für die Ruhe, für immer mehr Ruhe, so dass man diese Ruhe wieder auf andere ausstrahlen kann. Und je mehr Ruhe in den Menschen ist, desto ruhiger wird es auch in dieser Welt sein.«

»Und dennoch komme ich immer wieder zu demselben Schluss: Das Leben ist schön. Und ich glaube an Gott. Und ich will mittendrin in alldem sein, was die Menschen ›Greueltaten‹ nennen und dann noch sagen: das Leben ist schön.«

Das schrieb Etty Hillesum 1943 in ihr Tagebuch im Lager Westerbork.

Ist Glück, wenn eine sagt: »Das Leben ist schön«?

Maria zum Beispiel. Als alte Frau kam sie nach Conques. In der Kirche, in der sie später als Sainte Foy verehrt wurde, konnte sie weinen, den Tod ihrer Kinder beweinen.

Maria war glücklich, weil sie weinen konnte. Ich weiß es.

»Glück!? Du machst es dir einfach zu schwer.
Und uns. Das ist geballte Ladung von Gedankensprüngen, wer soll das lesen? verlegen? Wo ist der Zusammenhang??? So kriegst du nie einen Preis! – Schreib doch mal einen Krimi!«

»Krimi? Kann ich nicht. Oder – warte – na klar, kann ich auch!«

Die beste Kurzgeschichte, die ich geschrieben habe, beginnt am 4. Juli 1981 in Karlshafen im Gasthof Zum Goldenen Schwan. Mit Tigeraugen. Mit einer Leiche im Keller. Dafür muss ein kleines Mädchen herhalten, sieben Jahre alt, es wird erdrosselt. Ein Sexualdelikt. Damit ist nicht zu spaßen – also lassen wir das Kind wieder auferstehen: Wir überlassen es nur kurz seiner »Nahtod-Erfahrung« – so heißt das im Fachjargon …

»Scheiße. Schon wieder. Kannste vergessen, den Anfang! Lauter Widersprüche! Eine Tote, die aufersteht! Ausgerechnet Sexualdelikt! Tabu-Bruch! Damit ist nicht zu spaßen! Das will doch keiner wissen! Wetten, dass du den Fall nicht mal löst?«

»Doch doch:
Der Mordfall ist aufgeklärt, der Mörder ist überführt, nicht geständig, aber begnadigt und eines natürlichen Todes gestorben. Friede sei mit ihm.«

»Siehste! Find'ste, damit ist der Gerechtigkeit gedient? Wo bleibt denn die Spannung? Wo bleibt die Welt in Ordnung? Denk doch mal an Normal-Lesende, die wollen auch was verstehen!«

»Ich meine – das auferstandene Mädchen …«

»Das interessiert hier nicht! Hoffnungsloser Fall! Du auch: Sprache mit Stolpersteinen – Stimmung graugrün – Sujet unerträglich. Man müsste ja nachdenken!«

» … !«

»Na gut. Ich häng' mich auf!«

»Wunderbare Idee! Ein Unglücksfall! Tragisch! Ein Skandal, das schockt!
Sehr verkaufsfördernd! Das musst Du unbedingt machen … also, vielleicht später. Erstmal ein Preis in einem Wettbewerb! Sonst kann ich ja nichts vermarkten – danach.

Schreib doch mal etwas Lustiges!«

»Was Lustiges? Klar, kann ich auch.«

Also: Es geht – unter anderem – um eine Kerze. Und es beginnt im Krankenhaus. Ich sitze im Foyer der Privatstation ›Sylt‹ – wie Sand und Meer. Sand und Meer auf einem Bild an der Wand. Überhaupt ein angenehmer Raum, überall Fenster, weiche Sessel, jedenfalls besser als die Krankenzimmer –

Nur, dass man immer die ganze Krankengeschichte mitkriegt.

Der nette Dicke zum Beispiel: ein frischer Herzinfarkt, aber schon munter auf den Beinen. Trägt einen Bademantel so edel wie Frack, tiefschwarze Seide. Keine Puschen – polierte Lederschuhe!

Ich sage ›nett‹ – na ja, nur so. Ziemlich unzufrieden der Mann. »Das soll Service sein! Das soll 1. Klasse sein! Und dann das Frühstück! Nicht mal – auf besonderen Wunsch – einen Kognak!« Und so weiter und so weiter. Der Sohn hat eine Rose mitgebracht. »Die kannste gleich wieder mitnehmen«, brummelt der Alte. »Dafür ist hier kein Platz!«

Am nächsten Tag hat er eine Lösung für sein Problem gefunden: »Ich kaufe mir ein Hotel«, erklärt er dem Sohn. »Da hab' ich den Service, den ich brauche. Und die Schuhe putzen die mir auch.«

»Nicht lustig? Ich finde das lustig. Ist ›ne wahre Geschichte – hier in Bremen passiert, im Krankenhaus Links der Weser, ehrlich.«

»Na – wenn DU das lustig findest. Und wenn sie nicht gestorben sind … Nee, du gründelst immer! Genau, das ist das Wort: Gründeln!«

»Wieso immer? Stimmt doch gar nicht! Ich gebe mir Mühe!«

»Mühe ist nicht genug.«

Schweigen … der Rest …

»Jetzt weiß ich's: Sex! Liebe! Bei dir fehlt einfach die Liebe! Deine Texte sind Selbstbefriedigung! Onanie! Kannste doch froh sein, hast DU wenigstens was davon! Warum willste denn unbedingt einen Preis?«

»Willste verstanden werden?«

»Nun wein doch nicht!«

»Schreib doch mal einen richtig schlechten Text! Vielleicht kommt der ja an.«

»Huh – huh – kann ich nicht.«

»Hör mal!«

»Meine Texte sind alle gut! Jedenfalls besser als deine!«

»Ach so ist das! Und wer hat drei Krimis verlegt!?«

»Schlechte!«

»Dann kann ich ja gehen!«

»Ach – ich hab's nicht so gemeint – also – hör doch mal, was ist eigentlich ein schlechter Text?«

– ratlos –

»Doch, da gibt's bestimmte Kriterien, zum Beispiel: Thema verfehlt. Was war dein Thema? Augenblicke des Glücks? Glück ist wenn …«

»meine Geschichte einen Preis bekommt. Oder gedruckt wird. Wie neulich in der Kirchenzeitung.«

»Mit Honorar?« »Nee, hab' ich nicht nach gefragt.« »Siehste – reine Selbstbefriedigung! So kriegste nie einen Preis! Na – sei doch nicht gleich beleidigt, zeig mal!«

»Es ist so kalt, so kalt«, sagt der junge Mann, »was ich nicht verstehe: Warum leben die Menschen hier, wo es so kalt ist? Warum gehen sie nicht weg, weiter nach Süden?«

Es ist halb zehn, es ist dunkel. Wir warten an der Straßenbahnhaltestelle. Ein Drogi, denke ich. Das Gesicht dünnhäutig mit großen Augen. Mit einer dünnen weißen Jacke. Warum sorgt er nicht besser für sich?

Die 4 kommt. Wir steigen ein. Nein, kein Drogi. Während wir über die Brücke fahren, erzählt er mir: »Es ist so anders hier, die Lichter, die Geräusche, die Abgase, es ist so erregend hier für einen Wüstensohn.«

Er ist aus der Westsahara, studiert hier. Er spricht fließend deutsch, akzentfrei. Manchmal hat er Heimweh. Aber – da auch: »Warum leben die Menschen da, wo kein Baum ist, kein Gras wächst? Warum gehen sie da nicht weg?«

»Ich bin ein glücklicher Mann«, sagt er – ein Lächeln wendet das offene Gesicht zärtlich: Irgendwo in der Wüste, tausend Meilen von jeder bewohnten Gegend, blüht eine Rose für ihn. Betet eine Frau für ihn. Jeden Tag, fünfmal am Tag.

»Jo – ganz nett. Bisschen gegründelt mal wieder. Aber geht so.«

Stehcafé

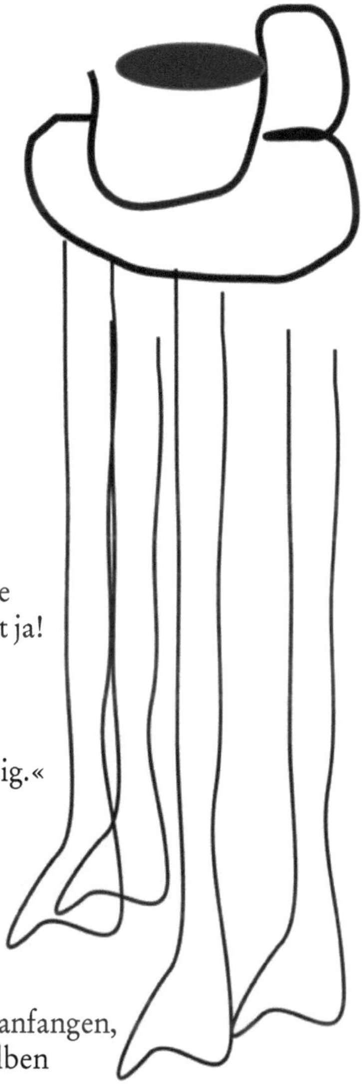

Ich muss nur anfangen, dann geht es.
Ich muss den Zug nach St. Magnus
nehmen – der Zug fährt in zehn
Minuten. Das schaffe ich.
Gerade genug Zeit um
– ein Kaffee wäre jetzt gut –
ich muss auch noch überlegen, ob –
vielleicht sollte ich –
noch acht Minuten –
ich glaube, es ist doch vielleicht –
die Fahrkarte. Ich muss auch noch die
Fahrkarte!

Ich kann ja den nächsten – der fährt alle
halbe Stunde, immer vier nach – hier ist ja!
O ja, ein Kaffee!

»Einen Espresso, bitte. Und ein Glas
Wasser.« »Bitte. Das macht eins neunzig.«
»Kann ich Zucker?«
»Der Zucker steht auf den Tischen.«
Kein Platz da. Der Dicke hält seine
Zeitung – »Entschuldigung,
kann ich –« »Hmm.«

Gesprächig ist der nicht. Ich muss nur anfangen,
dann geht es. Der Zug fährt in einer halben
Stunde. Ich muss noch die Fahrkarte –
Wenn ich – ich sollte vielleicht – erst einen Plan –
am besten schriftlich – wo ist mein Notizblock?
Da. Der hält seine Zeitung – ich hab' gar keinen Platz!
»Entschuldigung, könnten Sie – ? Danke.«

Wo ist mein Stift? Also erst mal: Ich habe ein Problem.

Eigentlich habe ich gar kein Problem, sondern – aber er hat ja kein Problem. Mein Problem ist, dass er kein Problem hat. Ich flippe aus – und er sieht mich fassungslos an – und so weiter. Und so weiter. Und es tut ihm ja auch Leid, dass ich ein Problem – das habe ich schon tausendmal –
so komm' ich nicht weiter –
Ich muss nur anfangen, dann geht es.

– und dann die Zeitung! –
»Entschuldigung, haben Sie Feuer?«, könnte ich sagen. Keine gute Idee! Wo ich doch Nichtraucherin bin. Hier darf man sowieso nicht rauchen. Ich müsste den Zug. Ich kann die Fahrkarte am Automaten. Ich muss jetzt losgehen. Ich muss nur losgehen, dann geht es. Ich sage ihm: »Du bist Teil des Problems.« Das ist es. Du bist Teil des Problems! Ganz einfach. Das schreibe ich auf: Du bist Teil des Problems. Ich muss nur –

Warum muss ich eigentlich?

Es ist Zeit, ich sollte jetzt –
Oder nehme ich die Straßenbahn und fahre nach Hause?
Na gut, entweder den Zug oder die Straßenbahn.
Also los.

»Schönen Tag auch.« »Hmm.«

Gute Nachbarn

Ich habe gute Nachbarn. Das ist nicht lustig.

Ilka sagt immer, ich soll mal etwas Lustiges schreiben – aber gute Nachbarn zu haben ist nun mal nicht lustig. Ilka zum Beispiel. Zu der gehe ich, wenn mein Drucker schon wieder meinen Aktionismus wegen undurchschaubarer Bedenken blockiert. Ilka druckt für mich sechzig Einladungen und bedankt sich bei mir, weil so ihre Patronen nicht eintrocknen. Geld will sie nun gar nicht. Ist das etwa lustig?

Ich könnte ja trotzdem etwas Lustiges über sie schreiben, zum Beispiel:

Sie tanzt im Garten!

»Sie tanzt im Garten!«, hat mir eine erzählt, die in Kattenesch wohnt – jenseits des Fleets, das den Nachbar-Stadtteil von unserem Hochhaus-Kattenturm trennt. Das Fleet ist wichtig, weil die Probleme von Kattenturm nicht über die Brücke zu kommen pflegen zu den gepflegten Reihenhäusern von Kattenesch. Die Diebe. Die Einbrecher. Die randalierenden Jugendlichen. Die Russen und Türken, die sich prügeln. Viel besorgte Probleme, von denen wir hier in Kattenturm nie etwas merken – die kommen nicht über das Fleet nach Kattenesch.

Nur die Gerüchte: »Sie tanzt im Garten mit einem Handtuch! Komisch, nicht?«

Das stimmt sogar. Nur war das gar nicht Ilka, das war ich. Das war auch kein Handtuch, das war ein großer seidener Schal, der sich im Wind bewegte wie eine weiße Sommerwolke. Ein Sonnentanz, ganz allein unter meinem blühenden Apfelbaum. Ich hatte das längst vergessen. Schon lustig, dass mich jemand nach zwanzig Jahren daran erinnert.

Bestimmt könnte ich auch über Ilka etwas Lustiges schreiben – aber das will ich gar nicht.

Oder einen Krimi. Schreib doch mal einen Krimi! Krimis sind in. Zur Entspannung ein bisschen Spannung im Vorabendprogramm nach dem Stau auf der Autobahn und dem Stress mit der Ehefrau –

übrigens, wo ist Ulla eigentlich? Die habe ich seit Wochen nicht mehr gesehen mit ihrem »Hackenporsche«. So nennt sie den Einkaufswagen für Gemüse und Bierkisten, mit dem sie Benzinkosten spart, ist ja auch umweltbewusster. Damit rennt sie immer gleich los, um Sparangebote zu nutzen. Ob sie die Enkelkinder einhütet? Sonst sagt sie das vorher. Egal.

Piet jedenfalls ist nicht auf Reisen, sondern sattelt sein Fahrrad, begrüßt mich wie immer, wenn ich in den Garten komme. »O ha!« sagt er, »fleißig?« Piet ist wirklich ein handzahmer Mann, der mich wegen des Giersch auf beiden Seiten des Zauns berät und mit der Rohrzange kommt, wenn Gartenpumpe und Saugstutzen mal wieder nicht zusammen passen, jedes Frühjahr die gleiche Zitterpartie – obwohl seine Hände inzwischen zittrig sind. Ich tu so, als wenn ich's nicht merke. Ich bin ja auch alt geworden.

Wo seine Frau ist? Ulla ist bei den Enkelkindern – wie ich vermutet habe. Ganz harmlos.

In der Nacht wache ich auf. Etwa eine Stunde nach Mitternacht, wenn ich gewöhnlich im Tiefschlaf liege. Ein Knirschen, ein Schaben und Kratzen – hinter dem Haus im Garten – ich schleiche ans Fenster, damit der Einbrecher nicht erschrickt – Vollmond von vorn, die Terrasse hinten im Schatten – nein – nichts zu sehen.

Nein! nebenan! – wie kriege ich Einblick auf Piets Terrasse? Ich will ja nicht sichtbar und aus Versehen erschossen werden – mit einem Spiegel vielleicht?

Auf Piets Terrasse schiebt ein kleiner bleicher Mann die Waschbetonplatten wieder an ihren Ort, bleich wie der Tod, blass wie der Vollmond, das ist doch? ist das nicht? Das ist Piet! Na, den werde ich morgen gehörig auf die Schippe nehmen wegen heimlicher Überstunden, beruhigt gehe ich schlafen. »O ha!«, werde ich sagen, »fleißig um Mitternacht?«

Mal sehen, ob er dann blass wird?!

Aber am nächsten Tag regnet es Kieselsteine, die Flut und das Baumsterben lenken mich ab – und die Bankenkrise! Die Bankenkrise!

Und sieh an: Ulla taucht auch wieder auf und erzählt von den Enkelkindern.

Kurz, der Krimi – missrät. Ich halte mich an die Wahrheit: Meine Fantasie reicht nicht aus.

Bleibt nur meine Großmutter: Die hatte nie gute Nachbarn. Immer hatte sie Pech, so oft sie auch umzog! Und erst die Vermieter! Engstirnig, geldgierig, nachlässig, unaussprechlich unansprechbar! Meine liebe Omi, sie fand nie Frieden, Omilein tat mir Leid, man musste sich um sie kümmern, immer hatte sie Streit. Sogar ihre unmögliche Schwester ließ nie eine Gelegenheit aus! Omi war immer das Opfer.

Ich dagegen bin Täterin, eisgrau, freischaffende Rentnerin. Es ist Zeit, dass ich mich vorstelle: Ein bisschen – wie soll ich sagen? – na, ›anders‹ eben! Das verzeiht man mir. »Wildkräuter« nennt Piet Gänseblümchen und Löwenzahn und Männertreu in meinem Garten. Man verzeiht mir meine Leserbriefe, die immer haarscharf daneben liegen. Man verzeiht mir die Lust, in die Zeitung zu kommen – wo die anderen erst einmal darauf schauen, wie die Anderen es machen. »Hier wohnt unsere Künstlerin«, sagte Isolde zu ihrer Freundin, sie standen beide am Gartentor, blickten in meine blühende Mohnblumen-Wildnis – sie hatten mich mit dem Fahrrad hinter sich nicht bemerkt. Isolde war auch eine Nachbarin und kam manchmal zu meinem Zeichenkursus.

Ja. So gute Nachbarn habe ich. Ich darf anders sein. Das ist –
ich finde kein Wort dafür –
das sind wirklich gute Nachbarn.

Dafür lohnt es sich, auch mal den Fußweg h i n t e r dem Haus zu fegen, obwohl es doch heißt: Ein jeder fege v o r seiner eigenen Tür. Ich finde, dieser Weg ist v o r der anderen Reihenhausreihe und ich muss mich nicht darum kümmern. Die Nachbarn sind da anderer Meinung.

Wir machen daraus ein Gesellschaftsspiel:

Mal fege ich, weil ich die Hecke geschnitten habe – oder weil meine Bäume das Laub abwerfen. Mal fegen sie, weil – egal. Mit Worten lässt sich der Streit nicht beilegen, wir sprechen nicht viel miteinander. Also, wir lauern und passen auf, ob das Spiel funktioniert.

Zwischen den Gärten sind sauber geschnittene Hecken. Wir sprechen nicht viel miteinander. Aber zweimal im Jahr treffen wir uns auf dem Garagenhof, fegen und schneiden die Büsche kurz – und dann wird gegrillt. Piet geht um mit der Schnapsflasche – man darf auch »nein danke« sagen. Der Türke sagt gar nichts, der hat Deutsch nie gelernt. Aber seine Frau kocht eine scharfe Suppe und lässt uns probieren. Die Polen sind Deutsche, die fallen nicht auf. Aber die Ossis! Die haben angefangen mit diesen Treffen, die kannten so was aus Ossi-Land. Vier-national leben wir hier in guter Nachbarschaft, sozusagen in heiler Welt –

zwischen Kattenturm Mitte und Wolfskuhlen-Siedlung.

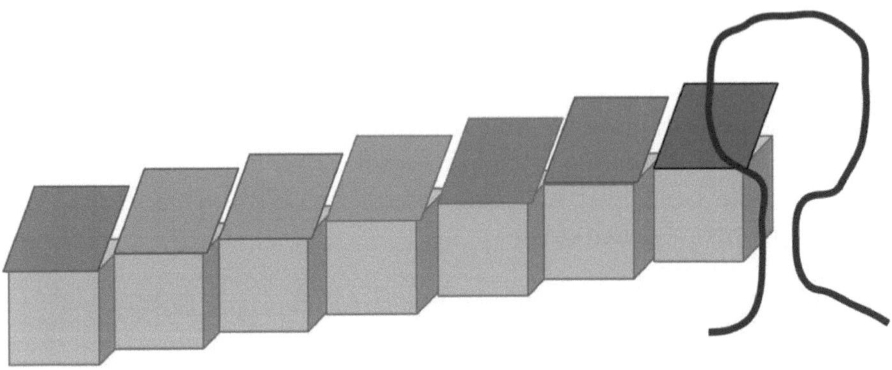

In Kattenturm-Mitte auf dem Freitagsmarkt kaufe ich mein Gemüse bei Mehmet. Einhundertundzehn Nationen sollen hier leben! Stand in der Zeitung. Manchmal hört man Russisch oder eine von den undefinierbaren Sprachen, die kein Mensch versteht. An Sommertagen sieht man Kopftuch-Frauen auf den Bänken miteinander schwatzen und Schwarze mit ganz kleinen Kraushaar-Kindern, denen man so gern über den Kopf streichen möchte. Aber das tut man nicht. ›Schwarz‹ darf man auch nicht mehr sagen.

Das kümmert mich aber weiter nicht.

Manchmal hängt ein großes Plakat an der Hochhauswand über der Haltestelle. Auf dem steht:

낮에는 해 등불
밤에는 달 등불
사람들 에겐
진리의 등불

Anonym, Koreanisch

Am Tag Sonnenlicht
am Abend Mondlicht
Für die Menschen
das Licht der Wahrheit

übersetzt von Hyunjoo Na

Wer hat das da aufgehängt? Spricht hier wer Koreanisch? Und was ist Wahrheit? Für die Menschen? Für welche Menschen? Soll ich mir deren Wahrheit zu eigen machen? Die kümmern sich doch auch nicht um eine eisgraue Frau, die im Garten tanzt.

Die Wolfskuhlen-Siedlung liegt auf der anderen Seite – zum Flughafen hin. Im Park zwischen Kattenturmer Heerstaße und Flughafen gehe ich sonntags spazieren. Ich sehe – und höre – Flugzeuge aufsteigen in die Freiheit über den Wolken. Die schmucken Häuser der Siedlung wurden gebaut – ohne Genehmigung! – als Behelfsheime von Flüchtlingen,

damals, als wir Kinder sangen: »Ei, ei, ei, Korea, der Krieg kommt immer näher« und mit heimlichem Grauen auf die Kondensstreifen der »Himmelsschreiber« wiesen, der »Flieger«. Wir sagten immer noch »Flieger«, aber sie warfen keine Bomben mehr ab. Bei uns.

Inzwischen sind in der Wolfskuhle, wie gesagt, schmucke Häuser, nach neuestem bautechnischen Standard um- und umgebaut – mit Genehmigung, versteht sich – von den Kindern und Enkeln der Flüchtlinge. Meine Freundin Renate sammelt Erinnerungen der aussterbenden Generation.

Sie werden ausziehen.

Wenn zwischen Heerstraße und Flughafen die neue Autobahn gebaut wird und die Wolfskuhle verlärmt, werden die Kinder und Enkel der Flüchtlinge ausziehen und neuen Flüchtlingen Platz machen, die froh sind über ein heiles Dach. Die Planungen für die Straße sind schon genehmigt. Der Verkehrsminister in Berlin kümmert sich nicht um Proteste der Bürgerbewegung, ihr Sieg vor Gericht lässt ihn kalt: »Den Fehler, den das Gericht gefunden hat, hätte man mit einer Anpassung des Flächennutzungsplans ändern können«, sagt er. Ohne Mitsprache der Betroffenen. »Bremen wollte die Bürger völlig neu beteiligen mit einem Konsens zwischen Politik, Wirtschaft und Anwohnern – das liegt im Interesse Bremens, nicht des Bundes. Dann könnten wir kaum noch Autobahnen bauen.« Das ist die Sprache der Macht. Kattenturm ist ein Stadtteil von Bremen. Bremen ist hoch verschuldet und hat zu gehorchen. Wie Griechenland.

Meine Freundin Ayşe kümmert sich nicht um Verlärmung. Sie wohnt in Kattenturm Mitte, managt die Familie, Mann und Kinder, hebelt mit emanzipiertem Elan alle Vorurteile zum

Kopftuch aus. Das ist genug. Ayşe hat andere Sorgen. Als die Wahrheit …

Die neuen Flüchtlinge, die ankommen mit Flugzeugen und auf Autobahnen, werden sich einrichten und vorlieb nehmen. In Zeiten der Fluten und Bankenkrisen. Der Giftgas- und Drohnenangriffe. Kein Fleet, das uns schützt vor dem Licht der Wahrheit. Gute Nachbarschaft im Licht der Wahrheit ist nicht lustig.

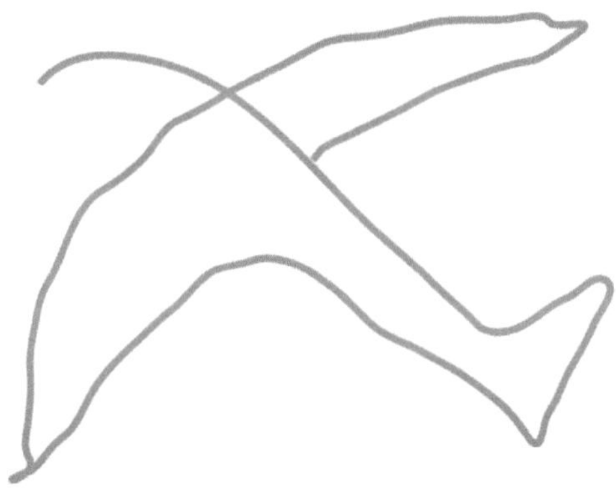

Ich will umziehen in eine größere Wohnung. Ich will Mauern einreißen und Raum schaffen. In meinem Kopf. Und in der neuen Wohnung.

Ob er das vor Weihnachten noch machen kann?, frage ich den Bauunternehmer. »Doch«, sagt er, »das geht.« Fünf Tage brauchen sie zum Einreißen und Herrichten und Verputzen und Malern. Am Freitag, den 20., ist alles fertig, dann gehen die Leute in Weihnachtsurlaub.

Dann ist Ruhe im Haus.

Am Montag, den 16., übergebe ich Herrn Illinich die Schlüssel. Herr Illinich spricht sehr gut Deutsch. Er hat Material und Werkzeug mitgebracht und verschwindet gleich wieder. »Ist ja nicht so viel Arbeit!«, sagt er. Ich wundere mich.

Vorher erzählt er mir noch – woher er kommt, habe ich ihn gefragt – vom ersten Krieg in Tschetschenien: Er hat mal die Schule geschwänzt, ausgerechnet an dem Tag, als –

nun trage ich Trauer in meinem Herzen um seine zwölf ermordeten Mitschüler.

Am Dienstag, den 17., sagt Herr Illinich, vielleicht schafft er die Arbeit nicht rechtzeitig. Ich wundere mich.

Am 18. wartet die Wand halb verputzt, ein Zettel liegt vor der Tür: Bluthochdruck! Er konnte nicht weiter arbeiten! Aber das soll seine Firma nicht wissen. »Bitte sagen Sie nichts meiner Firma!« »Und warum melden Sie sich nicht krank?«

Na, den Hochdruck glaube ich ihm, Herr Illinich ist leicht zu durchschauen. Wenn er da ist, arbeitet er gut – soll er meinetwegen den Job verlieren? Wenn rauskommt, dass er mit Schwarzarbeit Konkurrenz macht? Er hat noch eine andere Baustelle in der Nachbarschaft.

Und was haben die Wunden des Krieges in seiner Seele zu tun mit dem Druck, unter dem er arbeitet? Den brockt er sich selbst ein. Spannung. Augen, die linkisch abschweifen. Er redet. Er redet. Er verspricht, verabredet Termine mit mir, er hält sie nicht ein. Er lügt. Herr Illinich ist schwer zu ertragen. Ich habe Recht: Heute ist Weihnachten, nichts ist fertig, kein Friede auf Erden!

In meinem Kopf reißen die Zäune ein: Was hat das alles zu tun mit der Autobahn, die die Nachkriegssiedlung Wolfskuhle in Stücke zerreißen wird? Wenn sie gebaut wird. Stau. Vielleicht wird sie nicht mehr gebaut. Wegen der Bankenkrise.

»Ich wollte studieren«, erzählt Herr Illinich, »mein Vater wollte, dass ich ein Handwerk lerne. So bin ich Maurer geworden. Mein Vater hat Recht gehabt.«

»Ja«, sage ich, »manchmal haben die Väter Recht. Aber die Söhne haben auch Recht.«

Ich sage: »Ich bin auch Kriegskind. Die Verletzung der Seele ist in den Zellen des Körpers gespeichert als Stau. Man braucht ein Leben lang, um heil zu werden. Um zu entspannen.«

So weit die Geschichte von der eingerissenen Mauer, die nicht fertig wird. Die Geschichte vom Licht der Wahrheit, das wie der Giersch auf beiden Seiten des Zauns leuchtet. Wächst. Schwer zu ertragen.

Ob die heile Welt auf dem Garagenhof standhalten wird?

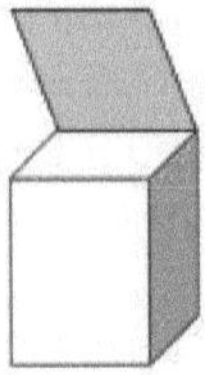

Bloß kein Bericht zum Ernst der Lage an allen Fronten

oder: Das Leben verwirrt sich. Ich bin mittendrin

Die Stadt ist undefinierbar

Stadt am Fluss im Fluss alles fließt alles Bewegung laut buchstäblich unbeschreiblich bwwwwwwchhhhh – bwwwwwwachhhhh – bwwwwwwchichcchhhh – bwwwwwwdchhhhh – biwwwwwwchachchchch – undsoweiter – und so weiter – Bruchuchuchachachachach – schwillt an schwillt ab an ab anlassen rollen grollen abtrollen – die Künstlerin schichtet eine Geschichte aus aussortierten Büchern am Zaun entlang gegen das Flitzen der Autos – mit Plexiglasscheibe für freie Sicht auf den Fluss hinter dem Flitzen – »ich habe Hemmungen, Bücher zu vernichten«, sagt sie, verwertet statt dessen lässt überwuchern von Brombeer-Ranken wie das Sofa in ihrem Garten, auf dem ihr Vater sein Mittagsschläfchen – Hubschraubschraubschraub Menge Krach eine unrhythmische Symphonie füllt den Raum – »besonders bei uns« »überhaupt« »der denkt« »ja« »macht 9,50« »kschn, schönen Tag noch« – die Stimmen der Kinder, ein paar- Töne heller: »macht meine Hausaufgaben« »Euro« »bezahlt hat« – talü-talü-talü-talü-taulu-taulu-taulu – Kies knirscht im Gartenlokal – »didn't want to« und fremde Wortmelodien, die keine Lautspur hinterlassen in ihrem Gehirn – am Nebentisch werden Pläne geschmiedet für 30 Jahre, Erhebung des Migrationshintergrundes in allen Grundschulen, das hat was, das hat man als Basis für Zukunft, die stündlich sich ändert – »Oaaahhh!«, hinter ihr haben Seeräuber die Rutsche geentert. »Leute! Verteidigung!« »Teteng! Teteng! Teteng! Teteng! Achtung Verteidigung!« »Aiiich!« »Neeeem, Djuri zuerst!« »Du darfst hier hoch unter die Brücke« – Rasseln wie Steine die Rutsche abwärts …

»Hallo, du hier? In der Zeitung stand doch, Du bist umgezogen!« »Wie geht es dir?« »Na ja so« – Zögern – »letztes Jahr ist mein Mann gestorben. Ach. Nun ist alles anders … fehlt mir sehr … gemeinsame Reisen nach der Verrentung …« »Nun reist du allein ?« »Ich war im Frühjahr allein unterwegs, fünf Tage lang hat niemand mit mir gesprochen, nicht mal der Kellner. Ich war froh, dass ich zurück in der Stadt war, wo Nachbarn

…« »Ja, so ist das für Frau allein. Alte Frau …« »Tschüss!« »Danke, du hast mich angesprochen.«

Spaziergang mit Kinderkarre. Der kleine Park in der großen Stadt ist Kulisse für alle Szenen des Lebens: Schachspieler. Alte Männer stehen im Kreis, kommentieren. Eine Strümpfe strickende Frau. Ein Vater sagt seinem Kind: »Die Rutsche ist aber da hinten.« Zwei Jungen verstehen sich gut im Streit. Versteckt von den Büschen küsst sich ein Paar. Alter Voyeur mit Bierflasche. Am Rand hinter Bäumen Steinschachteln aufgetürmt, vier bis vierzig Stockwerke hoch, von Menschen wimmelnde Waben, das große Zugleich. »Wenn ich am Nachmittag mein Kind aus der Krippe abhole«, sagt die junge Mutter, »hat es seinen Acht-Stunden-Tag schon hinter sich. Wir haben einen Garten gekauft, um irgendwo für uns sein zu können.« Am Bahndamm. Davor ein Bauhof mit Baggerschaufeln und Pflastersteinen brobbrob brobbrobbrobbrobbrob – um 17 Uhr Feierabend. Auf die Bauhöfe wandert Wildnis ein, Fuchsfamilien vermehren sich ohne natürliche Feinde, der Stadtjägermeister warnt vor Fuchsbandwurm. Im Untergrund wimmeln die Ratten. Im Untergrund fließt die Scheiße und Gas und elektrischer Strom, im Untergrund fließt Verkehr, Züge vollgepackt mit Orientierungslosen – trotz leicht verständlicher Leitsysteme: keine Sonne kein Nachthimmel kein Regen auf der Haut, nur der Halt der täglichen Haltestelle und der bekannte Restfußweg von bis, Einzimmer-Appartement bis Großraumbüro im fünfundzwanzigsten Stockwerk. Die U-Bahn hält auf freier Strecke im undurchdringlichen Wasser des Dunkels, alle Lichter verlöschen, Zeitungen knistern unlesbar, in den Augen glüht Panik, unkommuniziert, nur Schweigen, in der Stadt herrscht heute Krawall. »Pyrotechnik ist kein Verbrechen«, steht auf einem Klebezettel am Einbahnstraßen-Schild – wenn Feuer im Bahnschacht … und was dann?

Keine tröstliche Lautsprecherstimme, die Schweigeminute hält an –

Licht. Demaskiert Halt suchende Blicke, sich schnell verschleiernd, langsam rollt das Rollen der Räder an, den Bahnsteig beleuchtet Not, gehorsam entleeren sich die Waggons.

Disziplinierte hasten die Treppen nach oben. Luft. Trübe Straßenlaternen. Wartende an der Bushaltestelle. Ist gerade weg. Tastende Worte: »Wissen Sie wo?« »Wie kommt man von hier zum Hauptbahnhof?« Am Rand der Nacht werden Geschäfte getätigt jenseits von Steuererklärung. Polizeiauto, Frau in Uniform am Steuer, ein junger Beamter steigt aus: »Bitte zeigen Sie Ihren Ausweis!« Wortlos kramt der südländisch wirkende Junge in seiner Tasche. »Ich auch?«, fragt die Großmutter. »Bin ich verpflichtet meinen Ausweis bei mir zu haben?« Ist sie nicht, schon wegen der Taschendiebe. Sie diskriminieren die jungen Männer, die etwas machen wollen – ewig glückliche Menschen im Auge, ausgestellt an jedem Wartehäuschen der Straßenbahn. Werbebilder. Sprüche. Eine Woche Werbelügen kostet doppelt so viel wie ein Jahresgehalt. »Wir lassen Sie nicht im Regen stehen.« Billig! Billig! alle Wünsche erfüllbar, alle Schaufenster voll gepackt, automatisch Geld aus dem Tresor. Die junge Frau steckt Scheckkarte und das Bündel Banknoten ein, fühlt einen Stoß, Geld weg, dreht sich um, kann den Räuber später exakt beschreiben, die Polizei fasst ihn schnell, statt Geld hat er ein Päckchen Gier in der Tasche. Alles ist machbar, innere Leere, bis zum Verkehrsinfarkt.

Nun lebe ich siebzig Jahre in der großen Stadt, denkt sie, die Stadt ist undefinierbar, eine Gondel, in der ich durchs Leben drifte – verführbar – womöglich führerlos – ohne Übersicht – ich mittendrin. Die Steinschachteln sind auf Sand gebaut – in den Wohnzimmern flimmern Mattscheiben wie irreale Fenster in weite Welt, irrealisieren den Augenblick. Das private Leben verwirrt sich, verwahrlost. Flucht hilft nicht, die Krake Stadt streckt Tentakel aus über Land als Geräuschkulisse für Kühe, verpestet die Schlafstädte, wurzellos. Gleich hinter dem Wald ein Gewerbegebiet, Kaufparadies in Blechkisten-Architektur: Ampeln unterteilen den Autofluss, stopp and go, Fußgänger nicht vorgesehen. Sehnsucht begnügt sich mit künstlichen Blumen aus China, Desinfektionsmittel verduften. Burgerking. Fette Menschen. Fettige Schenkel aus der Hähnchenfabrik, Antibiotika inbegriffen. Gleich nebenan unter alten Eichen video-überwachte Schlösser von Unzufriedenen – das

Haus noch nicht fertig, schon Kitsch im Garten, Marmorskulpturen als Massenware, rechtwinklig geschnittene Hecken, Sicherheitszaun.

Reichtum und Bedürftigkeit gehören zusammen.

»Oder bin ich bedürftig? Bin ich denn nicht reich? Reich bin ich«, denkt die Großmutter. »Ich habe Zeit. Ich sollte Geschichten erzählen.«

Ihr Kopf lässt sie im Stich. Sie hat keine Geschichten mehr. Sie hat schon alles gesagt, hat Erinnerungen geordnet, zu Schmuckstücken gefasst wie kostbare Steine – das will ja keiner wissen. Sie hat ihren Text gelernt, eine Rolle gespielt. Das ist nicht mehr wichtig. Geschichten wiederholen sich. Die Steinschachteln überleben uns, nur die elektrischen Leitungen müssen neu eingezogen werden für neue Flachbildschirme – und Tag und Nacht. Die Steinschachteln sind die Kulisse der Dramen, Schauspieler und Zuschauende wechseln. Wechseln die Rollen. Vor und hinter den Mattscheiben.

Sie kehrt nun heim.

Sie hat Tochter und Enkel besucht auf dem Dorf.

Am Sonntag Abend kehrt sie heim. Vor dem Bahnhof inmitten von Menschen – strömend – Menschenstrom, verteilt sich auf dem sonnigen Vorplatz, ordnet sich wie Eisenspäne im Magnetfeld. Sie wartet auf die Straßenbahn, spürt das Strömen, das die Augen wahrnehmen, in allen Zellen, ist damit eins. Andere, denkt sie, gestalten die Städte, pflanzen Kohl und Kürbis und Kirschbäume in Parkanlagen und an Vorortstrassen – eine essbare Stadt. Und das Wunder der Herbstzeitlosen am Wall vor dem Polizeipräsidium. Nur die Bäume – im Frühjahr tragen sie stolz die Kerzen und roten Blüten, da sieht man es nicht. Aber jetzt, wo der Herbst beginnt, sind die Kastanienblätter verkrüppelt und braun, der Rotdorn schon kahl, sogar die Vogelbeeren – vertrocknet – und Buchen und Eichen, sonst die letzte goldene Pracht, schon grau und matt – wir haben uns daran gewöhnt, als müsste der Herbst so sein – aber sie sterben.

Oder ich?

Die Großmutter sitzt im Stadtgarten am Ufer des großen Flusses zum Meer hin. Enten. Die Fähre, ein roter Strich auf dem Wasser, geht hinüber, herüber, scheppert mit der Rampe auf die Auffahrt, lädt Autos, das dauert. Hinüber. Herüber. Hinüber. Herüber. Roter Strich hin und her hin und her. Im Gegenlicht taucht ein Lastkahn auf, trödelt gegen die Strömung, Bugwelle zischelt brummt summt vorbei. Tuckert nicht, nein, das wäre das falsche Wort. Ein einziges Segelboot. Kinder schreien, besetzen die Klettergerüste. »Anne! Anne!« Ein Trupp junger Männer. Sie möchte sie fragen, welche Sprache? Kurdisch? Sie fragt nicht. Radfahrer, Spaziergänger vergisst sie. Geblendet vom Flirren der Wellen, unendliches Spiel, sie sitzt in der Sonne. Sieht in der Ferne Windräder kreisen. Wartet auf nichts. Wendet sich einem alten Mann zu, der ihr guten Tag wünscht und schönes Wetter anmerkt. Freundlich lädt sie ihn ein, aber er traut sich nicht, setzt seinen Weg fort, auch gut, sie spürt die Haut in der Wärme, gestreichelt vom Wind, dehnt sie sich aus – Federwolke im Blau löst sich auf – die Sonne über der Werft lässt sich gehen, vergoldet den Kran, die elegante Buglinie einer Yacht am Kai – für einen Scheich in Dubai oder wer weiß? – vergoldet den Fluss – Fluss aus Gold fließt zum Meer hin. Nun werden die Halteseile gekappt, die Krake Stadt klärt sich, hebt sich, ein heller Luftballon von innen beleuchtet, steigt, schwebt, wird kleiner, versammelt sich mit den anderen, ein Strom von Ballons im dunkelnden Himmelsraum, ein Festzug –

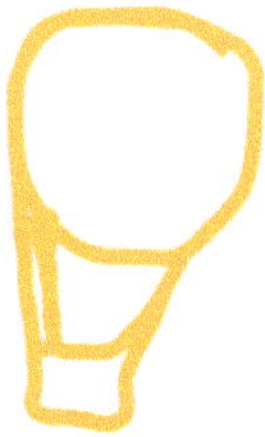

»oder bin ich das, dieser Ballon?«, denkt die Großmutter, sieht ihm nach. Man kann ja nie wissen.

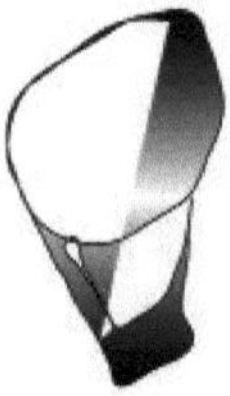

Tanz . Zwischen . Welten

Es ist wieder etwas passiert, das Radio zwitschert kurzwellig aufgeregt, das Event wird als schon bekannt vorausgesetzt. Also was? Wo? Paris. Nur zwölf Tote. Nicht fast 300 wie bei der abgeschossenen Maschine in der Ukraine vor einem Jahr. Nicht 5.000 wie 2001, als die Welt für eine Schweigeminute aufhörte, sich zu drehen. Als die Maschen der Angst und der Geheimdienste enger wurden und die Generale aufrüsteten.

Nur zwölf.

Nur. Oder fünfzehn. Die Zahl weiß ich nicht mehr. Jeder Tote zu viel. Junge Männer wie ihre Mörder. Mütter zerrissen in Trauer. »Bei uns wird den Jungen mit drei Jahren das Rückgrat gebrochen.« Sagte ein alter Mann, war es der Schiit oder der Sunnit? Sie sollten gemeinsam uns Wessis den Islam erklären. Vom Podium aus. Kein Zwiegespräch auf dem Podium. Für den anderen war seine Welt in Ordnung. Bei uns – wo immer das ist. Bei uns gehen die Menschen jetzt auf die Straße, behaupten: »Je suis Charlie«. Oder den Untergang des Abendlandes durch Islamisierung. Das ist uralt. Die Türken vor Wien! Ich gehe nicht auf die Straße. Ich bin nicht Charlie. Ich lebe. Ich tanze.

Ich tanze.

Mit den Fingerspitzen schiebe ich die Schatten beiseite und schaffe mir eine Lichtung. Die Schatten der Bunkerwände, die Schatten der Angst. Im Körpergefängnis. In allen Zellen. Eine Lichtung, in die das Licht fällt. Eine Lichtung für meinen Tanz.

Lasst uns tanzen zusammen. Lasst uns Gedichte schreiben, sage ich zu den Kindern. Gedichte, die alles sagen. Unsere Angst. Unsere grauen Gedanken. Lasst uns die Auswege finden ins Wort. In die himmelblaue Frühlingshoffnung, die jedes Jahr aufersteht. Malt nicht rechteckige Männlein in Rechenkästen. Findet das Geheimnis. Wurzelt. Die Erde nährt euch, trägt euch. Die Mutter Erde. Das Licht klärt euch, ruft euch. Einzeln wie ein Baum. Wie ein Baum an Wasserbäche gepflanzt.

Yaşşamak bir ağaç gibi
tek ve hür bir orman gibi
kardeşçesine,
bu hasret bizim — Nazim Hikmet, türkischer Lyriker

Leben wie ein Baum
einzeln und frei
und brüderlich wie ein Wald
das ist unsere Sehnsucht

Geheimnis.

Gedichte haben ein Geheimnis, sage ich zu den Kindern. Ich bin die Lehrerin. Lehrerinnen können alles. Sie nehmen den roten Stift und streichen die Fehler an. Bei Ruste zum Beispiel. Er spricht auch Deutsch. Er spricht eine Sprache, die ich nicht verstehe. Er kann etwas, was ich nicht kann. Ich kann keine Fehler finden in seinem Gedicht, obwohl ich die Lehrerin bin. Ruste ist zehn Jahre alt. Er schreibt:

Moza e vogel
e ka thy komen
shum po skan Te spija
bisti lora lora — Albanisch

Eine kleine Katze
und hat sich ein Bein gebrochen
die kann nicht nach Hause gehen
und sein Schwanz wackelt, wackelt.

Andere haben Recht.

Andere haben das Recht. Das Recht der Drohnen zum Beispiel. Markieren rot. Endgültig. Fällen das Urteil ohne Urteilsbegründung. Sind schnell. Schneller. Machen hilflos vor Hass. Ich weiß. Sie sind nicht hier, denke ich. Nicht jetzt. Jetzt haben wir Zeit, zu tanzen.

Habiba ist neun Jahre alt. Sie übersetzt mit ihren Eltern ein Gedicht aus dem Internet und trägt es vor:

Hob we kher we salam
men Ger Sot
madafe3 wala
Harb we aytim
Ana tefl
Su 3ayyar
ne fsi Akbar
we Egegyar Shakl
Eldunya behalha
Ana afaę asha tetir
ma3 kul
Al 3asafir we fessama
wekul Eldunya
nensher Hob we kher we salam — Arabisch

Liebe, Güte und Frieden
ohne die Stimmen
der Bomben
und Krieg und Waisenkinder
Ich bin
ein kleines Kind
das groß werden möchte
und die ganze Welt
verändern möchte
Ich möchte
ein Schmetterling werden
der mit allen Vögeln
im Himmel fliegt und
verteilt Liebe, Frieden und Güte

Seid nicht schnell.

Seid nicht schnell. Denke ich. Nehmt euch Zeit zu wurzeln. Zwischen den Steinen. Zwischen den Welten. Der Bunker bröckelt. Der vergiftete Wald von Tschernobyl treibt wunderbar neue Blüten. Grünt, wenn der Winter vorbei ist. Das sage ich nicht. Lebt, denke ich zu den Kindern. Braucht eure Hände. Füße. Findet Worte. Für eure Liebe. »Ich liebe dich«, das kann jeder sagen. Eine leichte Lüge. Findet ein eigenes Wort für Liebe, das macht die Augen leuchten. Das Lächeln spiegelt sich. In den Augen. Des Geliebten. Der Geliebten. Sinkt unter das Brustbein, breitet sich aus – in allen Zellen des Körpers, bis in die Fingerspitzen: ein Augenblick, Funke von Zuversicht.

Jonas ist zehn Jahre alt. Er schreibt:

> Wenn man verliebt ist
> hat man knallrote Backen.
> Dann will man erst
> das ♥ erobern
> mit Geschenken
> oder mit Briefen

Andere rechnen.

Andere verkaufen Autos. Scooter. Maschinen. Künstliche Energien. Künstliche Freunde. Künstliche Blumen. Sie tun so, als hätten wir keine Füße für unseren Weg, keine Hände für unser Handwerk. Als könnten wir Duft nicht wahrnehmen und die Freude, die unter dem Brustbein aufsteigt. Glaubt ihnen nicht! Werbung lügt sich in unsere Gedanken. Sie kaufen Arbeit zu Dumpingpreisen, sie verrechnen Lebenszeit nicht mit den Mitteln zum Leben. Sie horten Zahlen mit vielen Nullen im Safe, Plunder, die Blasen platzen in den Tresoren.

Rechnet nicht. Ihr seid nicht wie Gott. Vergesst nicht, ihr seid nicht wie Gott! Ihr werdet sterben. Wagt das Geheimnis. Allein. Einsam. Geht unverbrauchte Wege.

Der Gefährte wird dich verlassen. Die Freundin. Du kannst sie nicht halten. Geh deinen Weg. Im Dunkeln. Zwischen den Welten. Das Nest ist zerstört, das Haus ist zerbrochen. Einsam und frei. Gehst du. Finde den Weg. Finde den großen Tanz.

Frederike ist zehn Jahre alt. Sie schreibt:

Mein Leben
Als ich geboren war, da
war ich froh, denn ich bin so.
Auch wenn ich 20 bin, werd
ich so sein, das find ich fein.
Auch wenn ich gestorben bin
werd ich so sein im
Himmel in Gottes Heim.
Zwischen Wolken und Himmel
werd ich dann leben
und werd mich nach meiner
Kindheit sehnen. So lange
ich jung bin, werd ich mich
versöhnen, denn wenn ich alt
bin und Gottes Stimme hallt:
du warst gut und deshalb
bist du erschienen
auf grünen Wiesen.

Andere spielen Monopoli.

Andere re-importieren unsere Waffen. Verkauft für viel Geld. Das ist unser Reichtum. Ich bin reich. Ich bin nicht reich, ich nicht. Ich bin Kriegskind, ich habe immer gespart. Ich durfte nie etwas kosten. Ich habe immer billig gekauft. Das Billigste. Brillengestelle zum Nulltarif. Billigware aus Bangladesh. Wo

Kinder, wo Mädchen in den Fabriken … das ist egal. Das kann ich mir nicht aufs Gewissen laden.

Das ist nicht egal, das versteht sich von selbst, das ist überhaupt nicht egal.

Ich halte keine Kindersklaven. Ich nicht. Sie machen mich trotzdem reich. Die Welt ist eng geworden, ein engmaschiges Netz von Schuld, das mich einfangen will.

Getrieben.

Ich bin getrieben. Der Kopf treibt mich. Die Angst fährt mir in die Füße, die Schuhe müssen mich tanzen, der Raum wird mir eng, die Zeit wird mir kurz, der Atem verlässt mich, Vernetzung zerreißt mich, verloren verloren zwischen den Welten, wo bin ich wo kehre ich ein um Ruhe um Dasein zu finden –

Makom – der Ort

Verortung. Makom ist der heilige Ort. Der Ort der Begegnung. Der Tanz darf enden. Die Kraft. Der Atem. Die Antwort. Erlöschen. Erlösche nicht. Leicht wie eine Feder im Weltall – vielleicht nicht mehr ICH –

Das Leben lebt. Ich lebe ich tanze.

Tanz

Da ist der Baum
an Wasserbäche gepflanzt –

ich mache mich schlank
ein schlanker silbriger Fisch
ein Fisch im Wasser –

will den Netzen entschlüpfen
will aufblinken im Licht
will tanzen im Schwarm –

da sind die Wurzeln, die halten
bei hellblauem Mondlicht,
bei Sturm, der die Krone beugt –

da ist der Fischschwarm
in seichtem Wasser im Spiel,
den Springflut gewaltig zerteilt –

ein neuer Schwarm wird sich finden,
wenn die Wirbel zur Ruhe kommen.

Worte sind wirklich.

Wahre Worte. Wirken. In jeder Sprache. Jede Sprache eine Brücke zwischen den Welten. Dann gehen wir auf die Straße. Einzeln und frei. Gemeinsam wie ein Wald. Keiner und keine »Charlie«. Wir leben. Wir tragen das Licht in den Händen. Trommeln. Tanzen den schweren Tanz. Aussichtslos gegen die Waffen. Das Geld. Die Werbung. Wir sagen die eigenen Worte. Wir tanzen zwischen den Welten.

Zum Beispiel

We rɔɔẓi ?

We rɔɔẓí gɛ ɖédenyelí déwenbir. ikíli
ɖıɖɛ́ɛ wenbé aaganáa-jɔ́
ajɔɔ́ɔ nyazı ɖédɛ́ɛ ndɛ́ nɛ́
Mɔlífɔ na ızʋlʋ́m ıɖɛ́ɛ bıka sɔɔlím

Akondoh Ali, Tem (Togo)

Zum Beispiel Akondoh Ali, Dichter aus Togo.

Ein Prinz. Ein Hoffmann von Fallersleben für die vielen Stämme und Sprachen in Togo, er ruft ihnen zu: *Du, Togolese, mein Bruder, wer du auch bist, was du auch bist, wo du auch bist, deine Heimat braucht dich!* – und die braunhäutigen Männer, die zum Fest gekommen sind, jubeln. »Demokratie ist keine Frontalveranstaltung«, sagt einer von ihnen, ein Bundestagsabgeordneter. Akondoh Ali trägt einen festlichen Boubou, er tanzt, kraftvoll wirkt er, so wie früher. *Trommel!*, ruft er. *Trommel lauter!* Sein Bruder Djamal Ali trommelt, reißt alle mit, begeistert.

Aber die revolutionäre Energie bröckelt von den Jahren des Heimwehs. Seit 1995 ist Akondoh Ali in Bremen, das ihm politisches Asyl gewährt. Hier ist er nicht Redakteur, nicht Lehrer. Hier fährt er den Gabelstapler im Schichtdienst – mit Hochdruck, sein Herz ist krank. Hier hat er eine Familie – dort hat er eine Familie, schickt der alten Mutter Medikamente. Keine Möglichkeit, sie zu besuchen. Er kennt die Gefängnisse dort von innen, kennt Misshandlung und Folter. Ist entkommen durch die Hilfe von internationalen Menschenrechtsorganisationen.

»Du solltest Deine Geschichte aufschreiben«, sagt seine Tochter. Aber die Kraft dazu fehlt. Er schreibt:

Warum ?

Warum reist unser Herz nicht
zu anderen pochenden Herzen?
Waffen – Tränen – schweigen
im Raum der Liebe.

Was ist Freiheit für Dich, Akondoh ?
C'est le fait de vivre pleinement sa vie au sein de la société humaine. Vaquer sans inquiétude à ses occupations, écrire et émettre ses idées sans craindre pour sa vie. C'est aussi le devoir de respect pour la vie des autres, schreibt Akondoh Ali.

Das heißt: sein Leben in Fülle leben mitten in der menschlichen Gesellschaft. Ohne Beunruhigung seinen Aufgaben nachgehen, seine Gedanken aufschreiben und äußern ohne Angst um sein Leben. Darin liegt auch die Pflicht, das Leben der anderen zu achten.

Çiyayê min

Ez hezîmin bo te
Ez evînadrê teme
Ez hêviya teme
Û stêra te ya guriîn li ezmanim
Ez bi tere dijîm
Bijî Çiyayê min Salman Nurhak, Kurdisch

Zum Beispiel Salman Nurhak.

»Nurhak« heißt sein Berg zu Hause in Kurdistan. Er schreibt:

Mein Berg

Ich trauere um dich,
ich dein Liebhaber,
ich dein Hoffnungsschimmer,
dein leuchtender Stern.
Ich lebe mit dir:
Muttermilch mein Berg

Salman stand auf der Arbeitsbühne des LKW-Steigers, als wir sein Gedicht, auf eine große Plane gedruckt, zweisprachig, kurdisch und deutsch, an einer Bremer Hauswand befestigten. Er war stolz – trotz Höhenangst.

Wenn Salman spricht, muss ich nachfragen, ich verstehe nicht. »Viel Arbeit«, sagt er immer wieder – ein Kürzel für was? Viel Arbeit beim 1€-Job. Nur wenn er seine Gedichte vorliest – auf türkisch – verstehe ich jede Silbe, obwohl ich kein Wort verstehe.

Einmal sagte er: »Ich muss wieder schreiben.« Inzwischen war er in Istambul bei seinem Verleger. Er war in Berlin und Paris, er organisiert seine Lesungen jetzt selbst. Er hat mir eines seiner Bücher geschenkt: »Madimak, Roboski, Devlet«, ich kann es nicht lesen. Der Übersetzer Jürgen Dierking, der selbst nicht Türkisch kann, arbeitet mit ihm an den Übertragungen seiner Gedichte.

1981 hat Salman Nurhak aus politischen Gründen große Probleme gehabt. 1983 wurde er festgenommen. Gefoltert. Er hat mir das aufgeschrieben. Auf Deutsch. Er war sehr stolz, dass er das konnte. Ich gebe hier nur einen Augenblick wieder:

Als die Polizisten die Tür der Zelle schließen wollten, sagte ein Polizist zu mir, dass ich meine Augenbinde raus nehmen kann. »Guck aus dem Fenster«, sagten sie zu mir, und ich habe geguckt. Die Tauben flogen auf dem Dach. »Binde deine Augen wieder zu«, haben sie mir gesagt. Ich habe meine Augen zugebunden.

Was ist Freiheit für Dich, Salman?
»Es gibt keine Freiheit«, sagt Salman Nurhak am Telefon.
Tajna

Dah . dodir . otkucaji srca
Nijemi razgovor tijela
Ništa nekazano . Ludilo
Zakletva o šutnij
Razrješenje nije dozvoljeno

Nena Nevzeta Zulic, Bosnisch

Zum Beispiel Nevzeta Zulic.

Ich habe ein Gedicht von ihr ausgesucht aus einem schönen Gedichtband – aber ich verstand es nicht, ich musste es mühsam entschlüsseln: ›Schweigepflicht-Entbindung‹ ist ein terminus technicus vor Gericht. *»Schweigepflicht-Entbindung nicht erlaubt«:* Die Klage findet nicht statt. Das Kind wird nicht geboren. Die Wahrheit darf nicht ans Licht.

Geheimnis.

Hauch. Berührung. Herzpochen.
Stumme Körpersprache.
Nichtgesagtes. Wahnsinn.
Schweigepflicht-Entbindung
nicht erlaubt.

Das Gedicht stand auch auf einem Gedichtbanner an einer Bremer Hauswand. Nevzeta Zulic spricht Bosnisch. Sie spricht gut Deutsch. Erst sahen wir uns bei Lesungen. Dann verlor sich der Kontakt. Die E-Mail-Adresse funktionierte nicht mehr.

Zufällig trafen wir uns in der Straßenbahn. Sie wollte umziehen nach Aachen. Inzwischen wohnt sie wieder in der Umgebung von Bremen. Das Gedichtbanner mit ihrem Gedicht liegt inzwischen in meinem Keller, aufgerollt, und wartet auf Wiederverwendung. Ausgerechnet dieses Gedicht! Das ist kein Zufall, es geht mich an.

Was ist Freiheit für Dich, Nevzeta ?
»Freiheit ist für mich: leben wo ich will und wie ich will. Das hat nicht jeder – oder weiß es nicht zu schätzen«, sagt Nevzeta Zulic.

Lingua da schiavi
tu mi vuoi parlare
ed
io devo farlo nella tua lingua

Gino Chiellino, Italienisch

Zum Beispiel Anna Colarusso.

Auf einer Veranstaltung trug sie dieses Gedicht von Gino Chiellino auf Italienisch vor. So lernten wir uns kennen.

»Das könnte auch mein Papa gesagt haben", sagte sie.

Sklavensprache.

Du willst mit mir reden
und
ich soll
deine Sprache sprechen.

Sie besucht ihren Vater in den italienischen Bergen – Picinisco heißt das kleine Abruzzen-Dorf zwischen Rom und Neapel. Dort hat er viele Jahre lang ein Haus gebaut, seinen Traum verwirklicht, für den er 1959 als Gastarbeiter aufgebrochen ist. Auf in die Ferne. Auf nach Deutschland.

Auf der Reeperbahn von Gleistein & Sohn in Bremen-Vegesack hat er Seile gedreht. Schwere Arbeit, körperliche Arbeit. Anna wurde hier geboren, sollte Deutsch sprechen, nicht Italienisch, sollte nicht auffallen. Bloß nicht auffallen!

»Jedes Mal, wenn wir zu Besuch in Italien waren, nahm ich mir vor, Italienisch zu lernen – aber wenn wir zurück über die Grenze kamen, blockierte sich der Wunsch«, erzählt sie heute. *»Der Zug war überall pünktlich, und doch kam ich nie an«*, sagt Gino Chiellino.

Jetzt, 2015, wagt Anna zu leben: als Italienerin in Deutschland. Hier, wo sie zu Hause sein wollte. Und nun endlich ist. Zu Hause sein, das ist für sie: Kochen. Freude am Kochen, Freude am Leben. Sie gibt Kurse, probiert Rezepte aus. Sie schenkt mir den Geschmack am Leben: Himbeeressig! Gemüsepaste!

Was ist für Dich Freiheit, Anna ?
»Freiheit ist: endlich so sein dürfen, wie ich bin. Mit meinen italienischen Wurzeln, mit den schönen und auch den traurigen Gedanken an meine Vergangenheit –

und mir selbst erlauben, heute hier glücklich zu sein«, schreibt Anna Colarusso.

Alt werden
in diesem Leben
mit leuchtenden Augen
die Mühe
lohnt sich

Ja. Ich auch. Kriegskind.

Was haben die geschlagenen Helden, die aus dem Krieg zurückkamen, mit ihren Kindern gemacht? Schweigepflicht. Wir waren artig. Aufgewachsen in der Furcht des Herrn Vaters. Später waren wir antiautoritär, Emanzen: Ausbrechen aus Gruppendruck und Schweigen. Etwas tun wollen gegen Anpassung …

Vor lauter Vergangenheitsbewältigung haben wir etwas verpasst. Wir haben gar nicht gemerkt, dass unser Zusammenhang nicht mehr ›nur deutsch‹ war – sondern international. ›Multikulti‹ war für uns Schmuck am Nachthemd, das geht vorbei wie eine Grippe. Erst als ich im Rathaus anrief und Herr Sahin sich meldete, wachte ich auf: Ein türkischer Name ausgerechnet im Rathaus? Ach so?

Und warum nicht?

Die polnischen Namen der Einwanderer nach dem Ersten Weltkrieg sind längst deutsche Namen.

Woher kam die Idee, Gedichte in fremden Sprachen zu sammeln und an Hauswände zu hängen? Ich habe neue Freunde gefunden – durch das gemeinsame Tun.

Das ist für mich Freiheit: Ausbrechen aus Gruppendruck und Schweigen.

Freiheit ist Wagnis. Freiheit erweitert den Kreis.

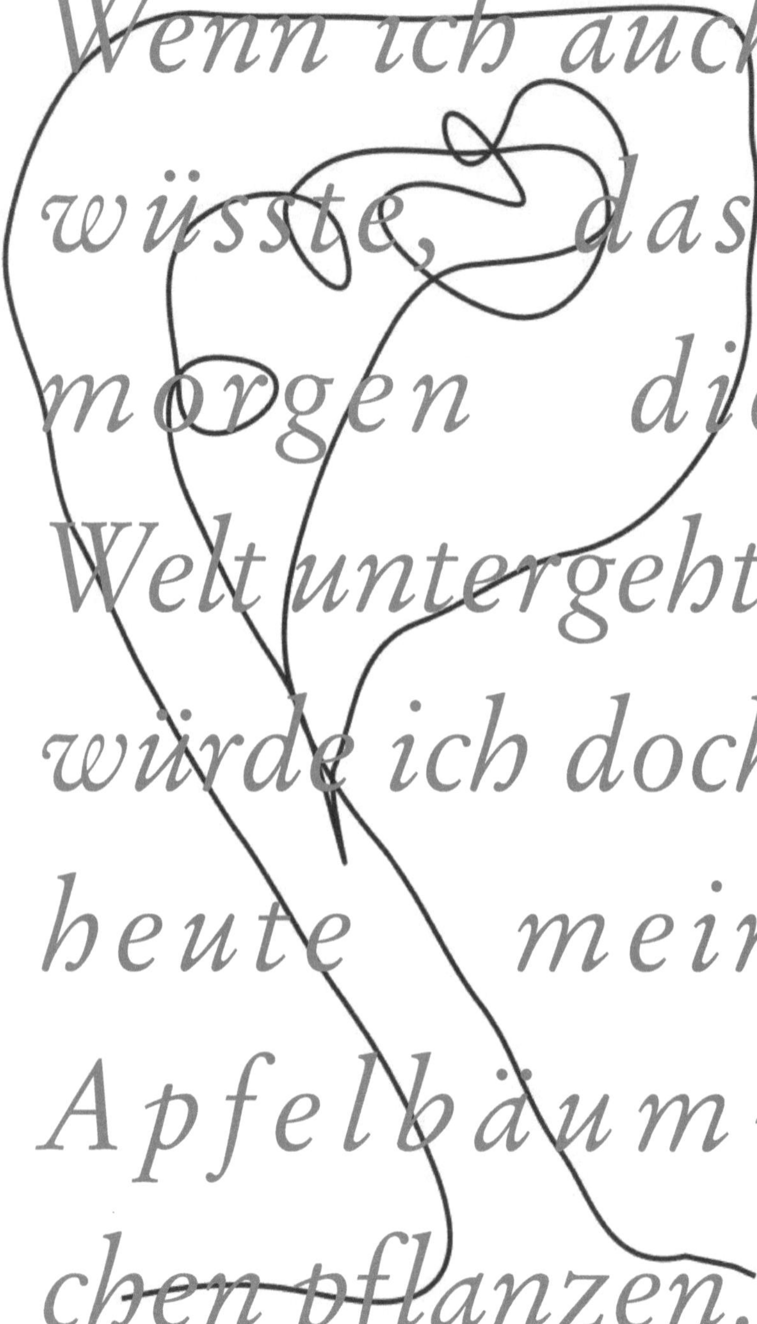

Wenn ich auch wüsste, dass morgen die Welt untergeht, würde ich doch heute mein Apfelbäumchen pflanzen.

Wenn ich auch wüsste

Die Apfelbäume beim Valentin

1. Beim Valentin stehen drei Obstbäume, herbstschwer: Leuchtende Augustäpfel. Reife Birnen. Kleine rot grüne Winteräpfel. Darunter gemähtes Gras, übersät vom Abwurf, vom Zu-viel. Ein vierter Baum – kein Obst. Alle vier noch klein. Jedenfalls jünger als ich. Jemand muss sie neben den fertigen Valentin gepflanzt haben. Neben den fast fertigen, den Unvollendeten in Verfall. An die Wand gemalt schwarz-rot auf Gelb eine Warnung:

Achtung

Abstand halten !

Wenn ich auch wüsste
dass morgen die Welt untergeht

Ich sehe Bilder, die ich malen möchte:
Apfelbäume mit reicher Ernte.
Vor der rissigen Bunkerwand. Aus den Rissen sintert Kalk.
Oder im Frühjahr im Brautschmuck.
Der Bunker bröckelt

Der Bunker Valentin bei Bremen war die größte Baustelle Europas. Von 1943 bis 1945. Als ich Kriegskind war. 10.000 Arbeiter in drei Schichten. Macht immer noch dreieinhalb Tausend pro Schicht, siebenhundert pro Meter auf 500 Meter Baustelle. –

Na gut, kleiner Fehler: Ich habe mich verhört und verrechnet. Zehn-Stunden-Schichten. Nicht Nachtschichten. Dafür gab es auch gar keine Verdunklungsrollos – wie vor den Fenstern meiner Kindheit. Jedenfalls: Entkräftete oder Verunglückte zu ersetzen, war kein Problem.

Sieben Meter dicke Betondecken. Materialbeschaffung? Kein Problem. Die Baustelle der U-Boot-Fabrik für die Wunderwaffe U21 hatte Vorrang vor Schutzbunkern in der Stadt.

Mein Vater hat U180 geplant und gebaut. Auch in Bremen. 1943 war die In-Dienst-Stellung mit der U-Boot-Unternehmung nach Madagaskar. Bei U21 war mein Vater nicht mehr gefragt. Seine Karriere hatte einen Knick. Er muss einen Wutanfall gehabt haben in dem engen Boot, er hat sich mit dem Kommandanten angelegt. Das hat ihm das Leben gerettet: ungeeignet für Feindfahrt! Das hat seine Ehre gekränkt.
Auf der Baustelle Valentin bei den Wachmannschaften der Marine war er nicht.

Der Valentin wäre nie fertig geworden. Die Amis hätten ihn rechtzeitig bombardiert. Sie kannten die Baustelle, die auch bei Tageslicht nicht zu verstecken war. Diese sorgfältig konstruierte absurde Energieverschwendung. Sieben Meter dicke Betondecken bei 97 Metern Tragweite – das will gerechnet sein! Arnold Agatz, Architekt und Bauleiter, war stolz auf seine Leistung, hat nach dem Krieg verhindert, dass sein Kunstwerk begraben wurde. Also kein Hünengrab, kaum zu unterscheiden von den Geesthügeln in der Umgebung. Also kein Ausflugslokal auf einem Hünengrab mit weiter Sicht in die Wesermarsch mit weitem Wolkenhimmel.

Jetzt hat sich auf dem Bunker ein Ökotop eingenistet, einmalig, in die Ritzen und Risse und Wasserpfützen. Der Bunker bröckelt. Der künstliche Felsen im Flachland verwittert. Valentin, der Unvollendete. 150 U-Boote Ausstoß im Jahr waren geplant, alle zwei bis drei Tage eins – und wer, bitte, wird Kommandant? Leitender Ingenieur? Mannschaft? Die konnte man schließlich nicht als Zwangsarbeiter beim Feind rekrutieren. Heute baut man Drohnen, die fliegen allein – aber damals, zu Ende des Zweiten Weltkrieges, schickte man Hitlerjungen mit U-Booten hinaus in die elende Ehre Tod. »Dazu sind die jungen Leute doch da«, sagte der Führer.

Der Führer, der mächtigste Mann der Erde vor Reagan und Bush und Obama und Trump, ist elend gescheitert. Der Bunker bröckelt.

2. Deswegen schreibe ich diese Geschichte auf.
Lieber Bernhard: Du willst etwas machen. Wie deine Mutter, als sie so alt war wie du. Sie hat mich in ihrer Verzweiflung angeschrien: »Macht doch etwas!« Gegen den Krieg. Sie hat mich verantwortlich gemacht, auf den Weg geschickt, Täterin zu werden statt Opfer.

Man kann das machen – in zwei Jahren ein Betongebirge hochziehen. Material, Arbeitskraft, Geld: Das lässt sich planen, rechnen, bezahlen. Man kann damit sogar Geld verdienen, reich werden.
Dazu gehört aber noch mehr: Man kann die Menschen lenken. Die Körper mit Gewalt, das ist eins. Das ist leicht. Teile und herrsche. Kapo und Häftling. Franzosen gegen Russen gegen Deutsche ›in Arbeitserziehung‹, man braucht nur wenige Bewacher. Am Rand des Todes ist der unwillkürliche Wille zu überleben ein mächtiges Druckmittel, jenseits jeder Moral.
Es gab aber viele, die waren einverstanden. Sie machten freiwillig mit, dachten Befehle nach, optimierten sie, ließen sich begeistern. Mein Vater zum Beispiel. Man kann auch die Gedanken der Menschen lenken.

Es ist nicht einfach, sich zu entziehen. Als in Amsterdam Judensterne verteilt wurden – von Mitgliedern des Jüdischen Rates! –, drängten sich hinter den Tischen Juden, um mitzumachen – beim Verteilen. Erzählt Weinreb. Wer mitmacht – den trifft es vielleicht nicht. Der ist vielleicht unentbehrlich. Vielleicht wird es gar nicht so schlimm. Sie sind einverstanden. Das ist, was mich interessiert: einverstanden – schwimmen im Strom der Zeit – denken, was alle denken.

Der Jude Weinreb war nicht einverstanden, er dachte widerständig. Er sah: Es *ist* schlimm und *wird* schlimmer. Darum konnte er etwas tun. Er konnte sich und seine Familie retten – und viele andere Juden. Er kannte den Turmbau von Babel, den Unvollendeten. Gebäude, die im *Mainstream* verhandelt werden, haben keine Chance. Sie werden nie fertig gebaut, so zuverlässig sie auch gerechnet sind. Der Fehler sitzt im übersehenen Detail. *Mainstream* nennt man das heute. *Mainstream* ist Fußball und Börse. Autobahn. Geld. Handy, Facebook, E-Mail. Wir machen freiwillig mit, es macht sogar Spaß. Zum Beispiel Spielzeug-Drohnen. Was ist daran schlimm?

Wenn Du Mut hast, schau genau hin: Mit dem Zweiten Golfkrieg hat der Dritte Weltkrieg begonnen. Am 16. Januar 1990 hatte die Nachrichtensprecherin Tränen in der Stimme. Wir leben in einer Oase des Friedens. Auch im Zweiten Weltkrieg gab es Oasen des Friedens. Wie die Kurische Nehrung im Sommer 1944, als meine alte Tante als junge Frau nackt in den Dünen lag. Oder Dresden. In Dresden gibt es keine Angriffe, da wohnt Churchills Großmutter. Hoffte meine Großmutter. Nach Dresden retteten sich die Flüchtlinge aus Schlesien.
Zu uns retten sich die Flüchtlinge aus Syrien.

Du brauchst Vorbilder, um anders zu denken.

Oder sagen wir: Ich, deine Großmutter, habe ein Leben lang gesucht nach Vorbildern. Wie kann ich der Macht widerstehen? Wenn ich erst siebzig bin, habe ich lange gedacht, dann kann mir nichts mehr passieren. Irrtum. Deswegen ist mir Weinreb so wichtig.
(Friedrich Weinreb, Die langen Schatten des Krieges, Thauros Verlag 1989).

3. Ich will dir – in aller Kürze – von ihm erzählen:
1940, als die Deutschen in Amsterdam einrückten, war er ein junger Mann mit Frau und drei kleinen Kindern. Er wollte etwas tun, nicht gehorchen. Mit Waffengewalt – das ging gar nicht. Auf Anschläge reagierten die Deutschen mit Razzien, Unbeteiligte wurden einkassiert und nach Mauthausen geschickt, Weinrebs Bruder zum Beispiel. Nachrichten

sickerten durch über perfide Todesqualen für Juden. Also kein offener Kampf. Weinreb versuchte es mit List: »Sie können doch Herrn B. nicht in ein Arbeitslager schicken!« rief er beim holländischen Arbeitsamt an. »Der steht doch auf einer Liste der deutschen Wehrmacht zum Austausch nach Südamerika! Gegen Devisen!« »Ja, das wissen wir doch gar nicht. Wer organisiert das denn?« »General Schumacher.« »Ach, der Polizeigeneral?« »... äh ... nein! ... nein, der nicht, sondern Joachim von Schumacher.« »Und Sie arbeiten mit dem zusammen? Geben Sie uns das doch einfach schriftlich, dann tragen wir es in die Kartei ein.« Es begann mit einer Lüge. Jede Nachfrage – eine neue Lüge. Noch wäre ein Zurück möglich gewesen – aber der Zettel, mit dem sein Freund B. zum Arbeitsamt ging, trug Weinrebs Unterschrift. Herr B. brachte ihn zwar wie versprochen zurück – und erzählte auch niemandem von seiner Rettung – nur seinem besten Freund, der auch ins Arbeitslager sollte ...

Eine Lawine kam ins Rollen, »Weinrebs Liste«, entstanden aus einer List. Ein bürokratischer Verwaltungsgriff – wie das J im Pass. Das war eine aufgeregte Zeit voller Gerüchte und Hilflosigkeit und verzweifelter Hoffnung und Missgunst. Weinreb beriet die Menschen so gut er konnte. Als die Deportationen nach Westerbork und weiter »nach Schlesien« einsetzten, drängte er sie, unterzutauchen: Bis nach Schlesien reicht General von Schumachers Arm nicht. Von da holt Euch keiner zurück! – Warum der Transport nach Südamerika noch nicht stattfindet? Keine Ahnung, warum Berlin nicht aktiv wird. – Einweihen konnte er niemanden, er wäre verraten worden. Weinreb besorgte falsche Papiere, bezahlte teuer – also war der Platz auf der Liste nicht mehr kostenlos. Unter den Leuten des holländischen Widerstands gab es Machthaber, Kriegsgewinnler, zwielichtige Gestalten.

Schließlich wird er selbst verhaftet. Also Mauthausen?

Eine lange Nacht lang hat Weinreb Zeit, einverstanden zu werden mit Mauthausen. Eine Nacht wie im Garten Gethsemane. Dann wird er verhört. »Also Sie sind der Mann, der seine Volksgenossen mit seiner Liste rettet! Prima Sache das, Herr

Weinreb«, sagt SD-Kommissar Koch jovial. »Aber einen deutschen General hintergehen – und falsche Papiere verteilen – das können Sie doch nicht machen!« Weinreb fängt den Ball auf, wirft ihn zurück: »Nein, das würde ich doch nicht machen! Niemals!« Er ist gelassen, wirkt überzeugend – Koch möchte ihm glauben. Aber da ist diese Aussage einer jungen Frau, die ihren falschen Pass von Weinreb bekommen haben will. Schließlich entscheidet Koch: »Wir fragen Herrn von Schumacher selbst, der soll entscheiden!«

Beim nächsten Verhör ist Koch aufgekratzt, als hätte er einen Trumpf im Ärmel, bietet dem Häftling Zigaretten an, verrät geheimnisvoll: »General von Schumacher – gibt es gar nicht!« Aha, denkt Weinreb, das wusste ich schon. Und nun? Nicht Mauthausen? Keineswegs, sondern Entlassung in die Freiheit! Das ist derzeit einem einmal verhafteten Juden nie passiert! Der SD Amsterdam hat sich die unerwartete Nachricht aus Berlin erklärt mit der Erfindung einer »Widerstandsgruppe General von Schumacher«. Weinreb ist der einzige, der den Schumacher kennt – also soll er ihn jagen helfen – in Freiheit.

Der Fehler sitzt im übersehenen Detail. Dass Weinreb die Liste erfunden hätte, kam den Herren bei ihrer langen Besprechung unwahrscheinlich vor. So unwahrscheinlich, dass der Gedanke gleich wieder verworfen wurde. Viel spannender, ehrenvoller war für Koch, einen General zu jagen …

Was dann folgt, sind unglaubliche Verwicklungen, Lügen, Kollaboration, Widerstand. Weinreb wird wieder verhaftet, bei Verhören geschlagen. Zu Tode erschöpft wird er im Lager Westerbork aufgepäppelt, von dort zurückgeholt für eine neue List, nun angezettelt vom SD. Ende 1943 wird seine Familie entlassen aus dem Lager Westerbork, er wird vom Kommandanten des Lagers als Gast behandelt und mit koscherem Essen bewirtet. Angeblich. Tatsächlich geht im November / Dezember 1943 einen Monat lang kein Zug mehr von Westerbork nach Auschwitz: keine wöchentlich wiederkehrende Angst, die das ›normale‹ Lagerleben eine Nacht lang lähmt … Das wollte Weinreb erreichen. Aber war das wirklich sein Werk?

Im Januar 1944 fliegt die List endgültig auf, Weinreb taucht mit seiner Familie rechtzeitig unter.

Nach Kriegsende nicht genug: Er wird verurteilt. Für holländische Historiker ist der Jude, Ökonom und Mystiker Friedrich Weinreb bis heute ›Gehilfe der Gestapo‹, obwohl er laut *Het Weinreb-Report* etwa vierzig Juden mit seiner Liste gerettet hat. Davon spricht keiner mehr. Nämlich – dagegen stehen etwa siebzig Umgebrachte, »nachweislich«, die Nachweise aufgelistet in *Het Weinreb-Report*, geführt mit Hilfe von Zeugenaussagen von Kommissar Koch & Co, die Weinreb während des Krieges verhört und geschlagen haben, die die angeblich von Weinreb in diesen Verhören Verratenen der vorgesehenen Vernichtung zugeführt haben. Sie sind 1945 und 1976 die vertrauenswürdigeren Zeugen.
(D.Giltay,Veth und A.J. van der Leeuw, Het Weinreb Report, Staatsuitgeverie 1976).

4. So ist das, wenn einer nicht mitmacht im *Mainstream*. Auch Snowden gilt als Nest-Beschmutzer. Auch überlebende Juden verdammen Weinreb: Er war nicht der ersehnte Messias. Er hat die Rolle des Jüdischen Rates ungeschminkt dargestellt. Das hat man auch Hannah Arendt übel genommen. Und – er hat wirklich alle belogen. Nur wenige danken ihm für ihre Rettung.

Schuldig ist auch Weinreb geworden. Auch in seiner Darstellung findest du Fehler. Der Fehler sitzt im übersehenen Detail. Schließlich – selbst wenn er bei Verhören verraten hätte, wer wirft den ersten Stein? Trotzdem Vorbild? Für mich ja. Das kann ich Dir nur schwer erklären. Entscheidend ist für mich diese Nacht in Gethsemane, in der er seine Angst vor dem Tod überwunden hat. Die ihn fähig gemacht hat, das innere Gleichgewicht zu halten, zu agieren, statt sich auszuliefern, wie die meisten, die nur Opfer waren.

»Das schwerste ist der ›heilige Krieg‹, das ist der innere Kampf mit sich selbst«, hat mir ein Moslembruder in Kairo gesagt.

Das ist die Not-wendige Ausweitung der Kampfzone: Es gibt keine Sicherheit. Sicher ist nur der Tod – und die Bereitschaft zu überleben, bis die Macht bröckelt.

> *Es genügt nicht, im richtigen Lager zu sitzen. Bin ich Kriegsdienstgegner, verhalte mich aber schicksalsgläubig, so gehöre ich zur bürokratischen Partei. Die Rechthaberei, die in dem Stolz liegt, dass Dinge eingetreten sind, wie ich vorausgesagt habe, ist ein Verwaltungsgriff.*
> *Die Verblendung ergreift, damit der tragische Ausgang entsteht, die Partei unmittelbarer menschlicher Wünsche und zugleich die Partei des wahrscheinlichen Verlaufs der Tatsachen. Die gleichen Tatsachen könnten sich aber auch auf unwahrscheinliche Weise anders organisieren, die Wünsche könnten sich – gäbe es für die einzelnen davon die Rückübersetzung in den Zusammenhang (in das Gemeinwesen der Wünsche) – als geglücktes Leben einrichten, nicht als Katastrophe.*
> *(Alexander Kluge, Das Lesen des Textes wirklicher Verhältnisse, in: Hans Dieter Müller, Der Kopf in der Schlinge).*

Dieses Zitat von Alexander Kluge begleitet mich seit Jahren: ›auf unwahrscheinliche Weise anders‹. Weinreb hat mit Wundern gerechnet – und sie erlebt. Das ist etwas anderes als Bomben vom Himmel regnen lassen – den Irak befrieden – Waffen liefern an Peschmerga: Das ist es nicht. Das eskaliert Kriege. Man kann sich lautlos daran beteiligen mit Drohnen – scheinbar unfehlbar: präzise unmenschlichen Waffen, die Angst machen.

Mir auch. Du hast mich danach gefragt.

Ach Bernhard. Unfehlbar nicht. Neulich ist jemand von der Hilfsorganisation Medico durch eine Drohne ermordet worden. Das stand dann nicht in der Zeitung. Ich habe es von seiner Kollegin in Frankfurt erfahren. Es war ein Versehen. Der Fehler sitzt im übersehenen Detail. Der Fehler sitzt zwischen Bürostuhl und Bildschirm.

Der Fehler bietet die Chance einzugreifen. Du kannst nie wissen, was dann passiert. Entscheidend ist, sich nicht entmutigen zu lassen, das innere Gleichgewicht zu halten, zu agieren, statt sich auszuliefern als Opfer.

Wenn ich auch wüsste
dass morgen die Welt untergeht
würde ich doch heute mein Apfelbäumchen pflanzen.
Martin Luther

PS. 1
Seit einem Jahr liegt der Brief nun unfertig in meinem Schreibtisch. Kein Brief, den ich abschicken will. Ich will Dich nicht belehren, wie das Leben tickt, wenn Du mich nicht fragst. Ein Brief an Dich, der mich selber klärt. Der das Licht in meinen Augen anzündet, das Dir Mut macht zu leben.

Der Bunker bröckelt. Die weißen Toten stehen auf und klopfen an meine Tür: Wir Toten sind größere Heere. Heere von Toten. Nein, sage ich, ich bin nicht Schuld. Ich mache die Tür auf, dass sie eintreten können, dass sie sich besinnen können, dass sie tot sind. Das ist vorbei. Wir trauern zusammen, wir essen und trinken und schwatzen und halten die Totenfeier. Ein Traum.

Und was hat das mit dem Tod meiner Mutter zu tun? Sie hat sich nun doch entschieden zu sterben. Ich sehe sie an, ich kann sie verstehen. Sie hat lange tapfer gekämpft. Ich frage sie: Begrüßt du den Tod als Freund? Oder willst du selbst dein Tod sein? Ein Traum. Sie ist meine Mutter. Sie ist Trümmerfrau. Ich werde sie wieder treffen, wenn ich meinen Wohnwagen zusammengefaltet und durch die enge Tür gebracht habe. Sie wartet. Ich habe mich verspätet. Der Tanz, den ich tanze, dauert an. Der Lehrer schaut nicht auf die Uhr.

Die, die anklopfen in Deutschland, haben tote Augen. Abends wird viel geweint in der Herberge, sagt die junge Heimleiterin, die dort das Chaos jongliert. Eine von den vielen Herbergen in dieser Stadt. In diesem Land.

Die mit den traurigen Augen kommen aus einem anderen Krieg. Nun springt, hat der Bootsführer gesagt, der zurückfahren wollte, um andere Flüchtlinge für Geld im Meer abzuladen. Sie sind gesprungen. Sie konnten nicht schwimmen. Sie hatten Schwimmwesten an. Die Mutter. Die Tochter. Der Sohn. Die schwangere Tochter. Ihr Mann. Wie viel Angst spürt das ungeborene Kind, das in Bremen gleich nach der Geburt stirbt? Die Griechen fischen die Familie auf – habe ich richtig verstanden? nach sieben Stunden? Die Griechen vom Grexit – aber das ist eine andere Geschichte, die hier nicht erzählt werden soll und doch dazugehört ... Irgendwo zwischen Athen und Wien ein Container, in dem Menschen zusammengepresst stehen ohne Luftzufuhr – so wie damals die Juden in Viehwagen ... Nie wieder! haben wir doch gesagt – ein halbes Jahrhundert lang. Wäre ich eingestiegen in den Container?

Und was ist mit den jungen Frauen aus Ghana, die mit erstarrten Gesichtern und einem Neugeborenen im Kinderwagen einziehen in die Herberge. Wissen sie, wo der Vater ist? Wer? War es Gewalt?

Lichtlose Augen. Es ist ganz einfach, darin ein Licht anzuzünden. Jetzt ist es noch ganz einfach. Den jungen Männern, Syrern, Afghanen, Kurden, die ihren Stolz, ihre Spannungen untereinander mitgebracht haben, die in der öden Herberge sich selbst und das Brot verachten, das ihnen gegeben wird, denen geben wir eine Saz, eine Trommel. Sie spielen. Die Zuhörer fassen sich unter, sie tanzen. Der Junge, der keine Schule kennt, keine Struktur, keinen Halt, sitzt zwischen den Musikern, will lernen.

Es ist nicht einfach. Die Verständigung ist nicht einfach. Wie sagen wir ihnen: Euren Krieg wollen wir nicht – hier in Bremen. Hier sollt ihr Stadtmusikanten werden. Ihr sollt zusammen spielen. Ihr sollt die Räuber – es gibt sie, die Räuber! – mit Musik überwinden, nicht mit Waffen.

Zeitgeist. Der *Mainstream*. Deutschland ruft nach Sicherheit. Nach Grenzschutz. Nach Geheimdiensten. Wer benennt die Lügen, die Werbung, die Propaganda? Sicherheit gibt es nicht. Reichtum macht nicht glücklich, sondern gierig. Berechnungen haben einen fundamentalen Fehler: Sie beruhen auf Verachtung. Und was hat das mit dem frühen Tod meiner Mutter nach dem Zweiten Weltkrieg zu tun? Mit dem Unfalltod ihres Vaters nach dem Ersten Weltkrieg, der kein Zufall war, sondern zu tun hatte mit seinen lichtlosen Augen. Die Geschichte vererbt sich, gespeichert in unseren Zellen. Wie überwinden wir sie?

Ich habe es schon gesagt: Es geht um das Licht in den eigenen Augen.

PS. 2
Noch etwas – noch ein Postskriptum, ein Zitat

In dem 1928 erschienenen Buch »Les Conquerants« beschreibt André Malraux die Mechanismen sowjetisch-marxistischen Propaganda in China – und die Verletzlichkeit der jungen Kriegsfreiwilligen aus aller Welt, die dort für ausgebeutete Arbeiter kämpfen wollten und im Namen einer das Leben verachtenden Ideologie verheizt wurden in gnadenloser Grausamkeit.

1949 schreibt er im Nachwort zur Neuauflage:

> *Et je crois que cela vaut qu'on (…) réfléchisse (…) au mépris impliqué par les techniques psychologiques. Qu'il s'agisse de faire acheter le savon ou d'obtenir le bulletin de vote, il n'y a pas une technique psychologique qui ne soit à base de mépris de l'acheteur ou du votan: sinon, elle serait inutile. Ici l'homme même est en cause: le système est un tout. (…) Alors se pose notre problème essentiel: comment empêcher les techniques psychologiques de détruire la qualité de l'esprit? (…)*

Le problème pressant qui se pose à nous serait donc, aux termes politiques, de substituer à l'appel mensonger d'une culture totalitaire quelconque la création rélle d'une culture démocratique.

Seine Antwort:

L'union des sentiments les plus profonds – de l'amour, de la vulnérabilité de la condition humaine – et d'une force proprement plastique produit (...) un art de génie qui atteint chacun. (...) Que telle oeuvre sentimentale soit artistique ou non, c'est un fait: ce n'est ni une théorie ni un principe.

Und ich glaube, es lohnt nachzudenken über die Verachtung, die die psychologischen Techniken in sich tragen. Ob es darum geht, Seife zu verkaufen oder eine Wahl zu gewinnen, es gibt keine psychologische Technik, die nicht gegründet wäre auf der Verachtung des Käufers oder des Wählers. Sonst wäre sie wirkungslos. Dabei geht es um den Menschen selbst: Das System ist ein Ganzes.

Also, das wesentliche Problem stellt sich so: Wie kann man die psychologischen Techniken hindern, die geistigen Fähigkeiten zu zerstören?

Das drängende Problem, das sich uns stellt, wäre also, politisch ausgedrückt, den Lügenappell jedweder totalitären Kultur zu ersetzen durch die wirksame Schaffung einer demokratischen Kultur.

Seine Antwort:

Die Verbindung tiefster Empfindungen – der Liebe, der Verletzlichkeit als Daseinsbedingung des Menschen – mit der reinen Gestaltungskraft erzeugt geniale Kunst, die jeden erreicht. Ganz gleich, ob ein solches empfindsamen Werk künstlerisch ist oder nicht, es ist Tat: es ist weder Theorie noch Prinzip.

(André Malraux, Les Conquérants, Bernard Grasset (1928), Version definitive, Postface 1949, Livre de Poche S. 247f).

Eine kleine Katze – und hat sich ein Bein gebrochen

oder: Ich bin Teil des Problems

Flaschenpost

»Darüber weiß ich beim besten Willen nichts zu schreiben.«

Das ist der Aufsatz von meiner Freundin aus der Grundschulzeit. Das ist der ganze Aufsatz, ich kann ihn auswendig: »Darüber weiß ich beim besten Willen nichts zu schreiben.« Das Thema? Egal. Mein Thema ist »Flaschenpost«. Darüber weiß ich beim besten Willen nichts zu schreiben.

Das Problem ist: Ich bin eine Flaschenpost. Eine leere Flasche, die letzten Tropfen sorgfältig ausgeschüttelt. Darin steckt ein Zettel mit einer Botschaft. Der Korken ist fest in den Hals gedrückt. Danach wird lange beraten, wo genau – Breitengrad, Längengrad – und in welche Richtung, damit die Strömung, die Flasche, Fahrt aufnehmen kann und an Land –

auf der Fähre von Helgoland nach Bremerhaven wirft also ein kleines Mädchen sie ins Meer. Mutter und Tante stehen neben ihm an der Reling, sehen der Flasche nach, die, nicht zu kurz geworfen, in den grauen Wellen – ›landet‹ ist nicht das richtige Wort.

»Eine Flaschenpost erzählt von ihrer Reise.« Aber ich weiß nicht einmal, was auf dem Zettel steht, was soll ich erzählen? Etwas Lustiges? Einen Krimi? Irmi findet, ich soll unterhaltsam sein. »Wenn du was zu sagen hast, greif zum Telefonhörer, nicht zum Stift!«, rät Jens Ulrich. Ein bisschen mehr Leichtigkeit hat Peter mir neulich gewünscht. Ist ja gut, ist ja gut! Ich bin es selbst Leid, immer zu gründeln! Als Flaschenpost gründeln! Das hieße ja: sich verschlucken! Der Zettel wird nass, die Botschaft verwischt, die Flasche sinkt vor Sylt auf den Meeresgrund. Umweltverschmutzung! Das wär's dann. Ho! ho! meine arme Seele! Bis ein Taschenkrebs namens Uwe sich in der nassen Höhlung verkriecht, ein ganz kleiner Taschenkrebs. Oder so eine Krabbe. Oder ich weiß nicht was. Jedenfalls, ganz unnütz bleibt auch das Gründeln nicht, denke ich mir – aber ich will ja nicht gründeln.

Also? Tanzen. Ich will tanzen. Ich rufe den Sturm zu Hilfe, die Wellen werfen mich um und um, die Sonne blinkt und blendet mich, Sturzseen fallen über mich her, ein Schiff funkt SOS, fast zerschelle ich an seinem Bug, die Möwen schreien. Die Feuerwehr kommt, Talü Tala, über Wellenberge und -täler – ach nein, verkehrt! – obwohl das Schiff brennt! Oder brennt nur das Licht im Salon? Kapitäns-Empfang, Kreuzfahrt.

Jedenfalls nicht die Titanic. Sondern ein alter Seemann, der nachts nicht schlafen kann, greift – Krachen und Heulen und berstende Nacht. Und s e i n e Mutter?? Schon sausen die Ruder, Boot oben Boot unten eine Höllentanz, drei Wetter zusammen, nun brennt die Welt. Was da? eine Flasche! – greift ins Wasser in der Hoffnung auf einen Rest Rum, aber vergebens, die Botschaft bleibt ein Geheimnis, schwimmt in gewaltigen Kreisen herum, bald oben, bald tief im Grunde. Und wie des fernen Donners Getöse – an der Wand, der Schiffswand, Buchstaben von Feuer, eiskalt die Hand, die Geigen verstummen, der Tanz ist aus. Sagt Mutter, s'ist Uwe! In seinen Armen das Kind ist tot. Ho! ho! meine arme Seele! Unheimlich nicket die Föhre …

Wie? Was? Zur Sache Schätzchen? Nicht lustig? Nicht unterhaltsam? Wieder gegründelt? Thema verfehlt? Wie war das Thema doch gleich? »Eine Briefmarke erzählt von ihrer Reise.« Vielmehr: eine Flaschenpost. Darüber weiß ich beim besten Willen nichts zu schreiben. Sagte ich doch! Was heißt hier Plagiat? Schließlich habe ich wahrheitsgemäß das Zitat meiner Freundin kenntlich gemacht.

Wie finde ich nun einen Schluss? Zum Schluss findet Otto Paul aus Breiholz bei Rendsburg die Flaschenpost am Strand und schickt eine Postkarte an des kleine Mädchen in Bremen. Das ist auch schon die ganze Geschichte.

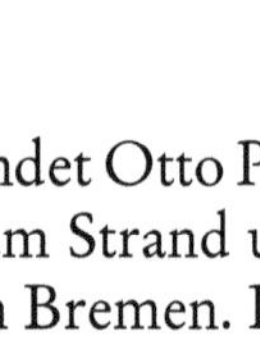

Das Vergessen

Wenn in China ein Sack Reis umfällt, vergessen die Vögel das Singen.

Wenn ich am Computer sitze, werde ich magersüchtig und trockne aus.

Ich habe meinen Schlüssel vergessen. Er hing an einem gelben Band, das ins Auge springt. Um meinen Hals. Ich bin mit dem Fahrrad zum Bürgerhaus gefahren und habe es mit dem Schlüssel angeschlossen. Dann aufgeschlossen, um nach Hause zu fahren. An einem sonnigen Novembervormittag, fast sommerlich warm. Peter hatte das faulige Holzpflaster von meinem Balkon auf die Terrasse gekippt und war dabei, die morschen Streben auseinanderzubrechen und für den Abtransport zu stapeln. Die Terrassentür stand offen, ich musste nicht mit dem Schlüssel …

der um meinen Hals hing …

das Weitere habe ich vergessen …

zum Beispiel, was ich für Peter und mich gekocht habe …

jedenfalls habe ich kurz vor drei …

ich musste pünktlich … na ja, und so weiter, ich versuche mich ganz genau zu erinnern …

Peter hatte sich schon verabschiedet …

ich wollte schnell nach dem Schlüssel greifen, er war nicht da …

Inzwischen ist sonniger Frühling, fast sommerlich warm. Ein Umzug liegt hinter mir. Fast alle Kartons sind leer. Lampen und Vorhänge hängen. Das neue Bücherregal ist geordnet, vergessene Titel gelesen. Alle Dinge sind durch die Hand gewandert beim Einpacken, Auspacken, mit Erinnerungen beladen haben sie mich gefragt, wo ihr Ort sei –

im Gefüge der Lebenszeit –

zu viel –

zu voll –

warum? habe ich nicht so vieles aussortiert, vernichtet, verschenkt, verkauft?

Das leere Haus ist nicht verkauft und hängt an mir wie ein Sack Reis am Bein.

Ich will fliegen, in den blauen Himmel fliegen –

der vergessene Schlüssel zieht mich unter die Erde.

Ein bisschen mehr Leichtigkeit hat mir Peter neulich gewünscht. »Ich lerne«, sage ich.

Aber was soll ich machen, solange der Schlüssel nicht auftaucht ?

Was soll das denn?!
Tragik!
Du machst es dir
einfach zu schwer.
Und uns. Warum sollen
wir uns für deinen
Schlüssel interessieren?
Das kann doch
jedem passieren!

Ja eben.
Hab' ich gesagt,
dass ich was Besonderes bin?

Das Problem ist: Du denkst zu viel nach!

Wo ist das Problem? Ich meine, für dich?
Nein –
es geht nicht eigentlich um Nachdenken –

es ist –

ich glaube es ist so:
Ich verbinde Denken und Fühlen.
Ist das ein Problem für dich?

Riss

Risse. die Risse. reißen. gerissen. in Stücke gerissen. zerrissen. ausgerissen. auseinandergerissen. Papiere zerrissen. Briefe zerrissen. Tagebücher. Bücher. zerrissen. in Stücke gerissen. Fetzen. verrissen. Verriss. zerbrochen. die Ehe gebrochen. die Bücher verbrannt. verstoßen. verstoße – verstoße – verstoße dich. ausgestoßen. erledigt. endgültig. Ende. aus.

einsam

Schmerz
blass
rosa
rot
atem
sprach
los

hilf
mir
nicht
ich
helfe
dir
nicht

ent
wirrt
täuscht
einsam
Gral
für
Schmerz

aus Fetzen.
Papierschnipseln.
aus zerrissenen Briefen.
aus verkohlten Papieren.
aus Scherben.
Trümmern.
aus.
gebrochenen Herzen.
aus –

dem Ende – ein Anfang. Anfangen. Erfinden. Einfügen. In einander fügen. Zusammen setzen. Ein Bild formen. Bild von der Welt. Weltbild. Eine Zukunft.

Das Kind

Das Kind versteckt sich. Das Kind versteckt sich! Es ist zum – ich bin eine alte Frau, ich sollte nicht ... fuchsteufelswild werden. Ich sollte darüber lachen. Ich könnte seine Großmutter sein. Ich suche es, es hat sich versteckt.

Nein, es ist nicht verloren gegangen wie eine Nadel im Heuhaufen. Es ist nicht entführt worden, das wäre entsetzlich. Es ist ganz nah. Manchmal meine ich, es greifen zu können. Wir spielen »Blinde Kuh« zusammen. Das bin ich: die blinde Kuh. Es zieht mich am Schwanz – ich drehe mich um – schon ist es wieder weg. Es foppt mich. Ich kann es nicht erwischen.

Manchmal denke ich, es ist ein besonders unartiges Kind. Zum Beispiel vor Weihnachten – da hat der Vater einen Tannenbaum gemalt. Grün und gleichmäßig, die grünen Zweige tragen leere Herzen, vierundzwanzig leere Herzen. An jedem Abend malt der Vater eines der Herzen an. Rot, wenn das Kind artig war. Schwarz, wenn das Kind unartig war. Manchmal bekommt das Herz eine rote und eine schwarze Seite. Aber das Kind weiß nicht wirklich, warum. Es hat schon vergessen, dass der Tag artig war. Oder unartig. Es sieht den Tannenbaum mit den schwarzen und roten und halben Herzen an, es weiß nicht, warum. Manchmal vergisst der Vater das Herz. Das Kind. Dann wird es dunkel in dem Kind. Das Kind weiß nicht, warum.

Vielleicht ist es ja auch ein besonders begriffsstutziges Kind. Wenn es zum Beispiel bei Tisch den Ellenbogen aufstützt, sagt der Vater: »Morgen fahren wir nach Stützen!« – und schlägt ihn auf die Tischkante. Ein anderes Mal fragt er das Kind, ob es den Eiffelturm sehen will. »Ja«, sagt es. Da zieht er seinen Kopf an den Ohren nach oben. Das Kind sieht den Eiffelturm nicht. Es will ihn nie wieder sehen. Es liebt seinen Vater sehr. Der Vater hat Spaß gemacht.

Es liebt seinen Vater sehr – aber einmal kommt er nach Hause mit einem Hexenschuss. Das Kind weiß, was ein Schuss ist. Tante Inge ist auch geschossen worden. Die kommt nie wieder nach Hause. Alle sind traurig. Das Kind ist nicht traurig, dass die Hexe den Vater geschossen hat. Er liegt im Wohnzimmer auf dem Sofa – hinter einer geschlossenen Tür. Das ist gut. Man darf ihn nicht stören. Klammheimlich ist das Kind ganz hell, kann spielen, er stört nicht – weil die Hexe ihn geschossen hat. Das Kind und ich, die Hexe, wir haben ein Geheimnis: Wir sind stark. Stärker als der Vater. Er ist geschossen.

Das Kind ist stark. Wenn der Vater traurig ist, tröstet das Kind den Vater. Der Vater ist oft traurig – wegen dem Krieg. Wenn die Mutter traurig ist, tröstet das Kind die Mutter. Manchmal ist die Mutter fuchsteufelswild. Dann nimmt sie, was sie gerade findet, einen Kochlöffel, einen Kleiderbügel, und schlägt das Kind. Das Kind weiß nicht, warum. Hinter ihm im Schlafzimmer ist es noch dunkel. Nur durch die Ritzen im Verdunklungsrollo scheint die helle Sonne. Der Mittagsschlaf ist schon vorbei. Das Kind hat lange auf die Mutter gewartet und am Daumen gelutscht. Dann ist es barfuß in den Flur getappt. Aber die Mutter ist fuchsteufelswild und schlägt das Kind mit dem Kleiderbügel auf den Po.

»Mutti«, fragt das Kind, »über meinen Bauch darf ich doch selbst bestimmen?« Aber das ist eine andere Geschichte an einem anderen Tag, da ist die Mutter nicht fuchsteufelswild und lacht nur und antwortet nicht. Vielleicht ist das die Geschichte, in der das Kind sich versteckt hat, so dass ich es nicht finden kann. Ich bin die Hexe, ich suche das Kind. Das Kind ist böse. Das Kind hat – gebissen. Das ist unser Geheimnis. Das Kind hat die Freundin gebissen, da hat Tante Gertrud mit ihm geschimpft, das ist die Mutter von der Freundin: Beißen darf man nicht. Beißen ist böse. Das Kind ist beschämt.

Deshalb hat es vergessen, dass es gebissen hat. es hat. gebissen.
sehr weh. es hat. so groß. wurde. so groß und so und
verschluckt. zugebissen.Hals. Hände.zugedrückt.

vergessen. schon auf der anderen Seite, da ist ein großes Licht. da hat das Kind vergessen. den dunklen Tunnel auf dieser Seite. Es wollte bleiben auf der Seite des Lichts, da wo es stark ist und heil. Als es zurück kam – es musste zurück kommen, es durfte nicht bleiben im Licht – da war nur noch das Dunkel da und Enge und Angst. ein großer Schmerz.

Deshalb sage ich: Es hat sich versteckt. Vielleicht kann es sich selbst nicht finden. Vielleicht ist es entzwei gegangen – und nun schickt es den Zwilling vor, den ängstliche Zwillingsbruder, der bedürftig ist und den Kopf schief legt, der einknickt und sich nicht traut. Der hat endlich kapiert, dass ein Kind artig sein muss. Er tut, was der Vater sagt und was die Mutter sagt. Und man muss Hausaufgaben machen und pünktlich sein und immer die Wahrheit sagen. Und Kinder mit ›nem Willen kriegen was auf die Brillen‹.

Aber das ist nur die halbe Wahrheit, das halbe Kind. Das Kind hat das große Licht gesehen, es hat einen Auftrag bekommen. Es ist zurückgekehrt und hat Mut bekommen und einen Auftrag, es weiß noch nicht was. Es sagt bei sich: Ich will. Ich will etwas ganz Besonderes sein. So stark wie der Vater. Stärker. Ein Held wie Rübezahl. Ich will das Vaterland retten, sagt sich das Kind. Weil alle Menschen gerade zu Weihnachten zwei Kerzen ins Fenster stellen und der Schwestern und Brüder gedenken, die das Schicksal der deutschen Trennung tragen. Deswegen will das Kind zusammen mit Rübezahl das Vaterland wiedervereinigen. Unentwegt ist es unterwegs und tut Heldentaten. Wie Prinz Eisenherz. Oder Old Shatterhand. Im wilden Kurdistan ist es unterwegs. Es steht vor dem Spiegel und sieht seine Nase an. Wenn die Nase nicht einen Knick hätte! Wenn es nicht so dicke Beine hätte! Dann könnte es Schauspielerin werden! Aber so? Was soll es sonst werden? Vielleicht Lehrerin? Dann tun alle Kinder, was es sagt. Kinder müssen tun, was die Lehrerin sagt. Dass Kinder nicht tun, was die Lehrerin sagt, das weiß das Kind nicht, weil es artig ist in der Schule, es ist ja sein Zwillingsbruder.

Aber ich, die Hexe, ich weiß.

»Geh von mir«, habe ich dem artigen Zwillingsbruder gesagt, dem ängstlichen, der immer bedürftig ist, der nie genug bekommt, immer zu Unrecht gescholten wird und nie wirklich geliebt. »Geh von mir, ich kann dich nicht trösten. Häng' dich nicht an mich wie ein nasser Sack! Ich will nicht mehr nur für dich da sein.« Ich will das andere Kind suchen, das mutige, das Vater und Mutter getröstet hat nach dem Krieg. Wir haben so viel erlebt zusammen. Inzwischen. Das mit Rübezahl hat nicht geklappt, das haben andere hingekriegt. Aber die Schulkinder haben mich Hexe genannt. Ich habe von ihnen gelernt, wie das Leben wirklich ist. Das Leben ist schwer. Aber das Kind hat mir nicht erlaubt, den Mut zu verlieren. Wenn die Schulkinder nicht wollten wie ich zum Beispiel. Das Kind hat mir nicht erlaubt, aufzugeben, es war immer da und fand Auswege, hatte verrückte Ideen, die kein Mensch verstand. Nur die Schulkinder, die mochten verrückte Ideen. Deswegen haben sie mich Hexe genannt und mich geärgert. Sie wollten ausprobieren, ob ich wirklich Kraft habe und verlässlich bin. Manchmal war es zu viel. Dann bin ich fuchsteufelswild geworden wie meine Mutter damals. Aber das Kind hat aufgepasst. Es hat mich wie die blinde Kuh am Schwanz zurückgezogen. Ich habe mich umgedreht – und schon hatte es sich wieder versteckt. Manchmal hat es in seinem Versteck gekichert. Manchmal habe ich mit den Kindern in der Schule gelacht.

So ist das nun. Das Kind hat sich versteckt, ich finde es nicht. Aber ich weiß, es ist da, es ist ganz nah. Mein Leben lang war es ganz nah.

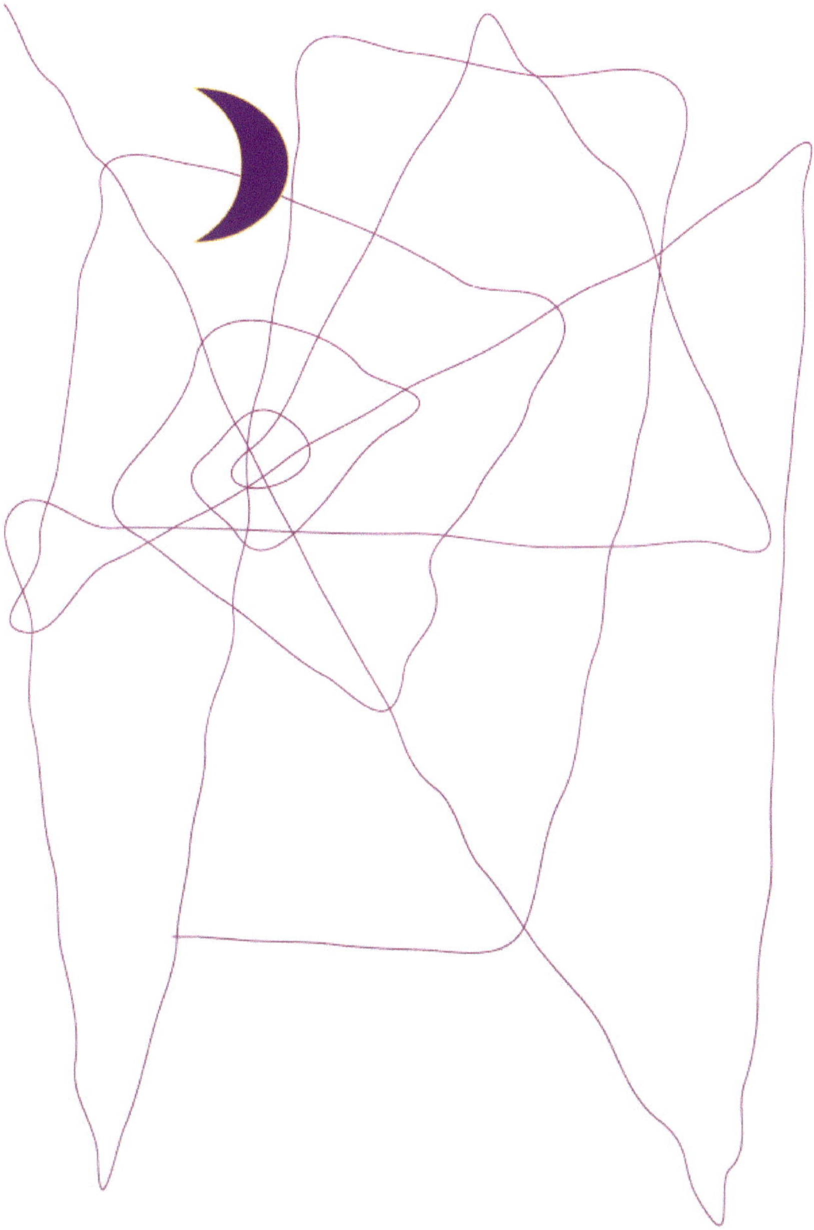

Aus dem Ende ein Anfang

oder: Grenzgänger bauen Netze

Zu alt – oder: Für den Kunstmarkt zu kostbar!

Auf meinem Tisch brennen vier Kerzen, eine kleiner als die andere: klein – kleiner – am kleinsten. Drei haben eine Vergangenheit als Altarkerzen aufzuweisen. Die vierte, größte hat mir meine Tochter zu Weihnachten geschenkt. Weil das vierte Altarlicht nicht mehr brannte. Der Docht war zu klein, fiel um, ertrank in flüssigem Wachs. Das ist, was passiert, wenn etwas ›zu‹ … ist, ›zu klein‹.

Oder: Eine Krankenschwester kommt ins Krankenzimmer mit einem Zentimetermaß. Das kranke Kind: herausgerissen, ausgeliefert, verunsichert, misstrauisch – was wird ihm geschehen? Die Krankenschwester misst wortlos seinen Kopfumfang. Warum, fragt die Mutter, besuchsweise anwesend. Man wolle nur wissen, ob der Kopf zu klein sei. Was wird passieren, wenn das so ist?

Es gibt keine Geschichte, die zu schrecklich ist, um nicht passiert zu sein. Zum Beispiel … nein. Das wäre zu schrecklich. Wir wollen nicht alles glauben, was uns erzählt wird.

Wir wollen nur die Bedeutung des kleinen Wortes ›zu‹ ausloten – aber vielleicht sehen wir das zu ernst? zu eng? zu deutsch? zu schwer? Vielleicht sind wir zu alt?

»Zu alt«, schreibt der Galerist an die Künstlerin. Ihre Arbeiten gefielen ihm gut – aber leider sei sie zu alt.
Zu alt für was? Die Künstlerin ist Anfang fünfzig, schätze ich, eine ranke Frau mit unternehmungslustigen Augen. Sie begleitet mich durch ihre Ausstellung im Haus am Wasser: eigentlich nur die Rahmen von Bildern, sehr reduzierte, rechtwinklige Formen, die die Schatten mitspielen lassen, fast monochrom. Ungewohnte Proportionen, sehr klar. »Auf die wesentliche künstlerische Aussage zugespitzt«, steht im Katalog. Sie passen in jedes Foyer jeder Bank, in jeden Sitzungssaal, ansprechend, ohne sich aufzudrängen. »Die Emotionen sind ausgelassen, nur der Rahmen bleibt?«, frage ich. »Daran ist etwas«, antwortet

sie, »aber die Leere ist Fülle.« Ich verstehe, was ich spüre: Das Kunstwerk i s t.

Nur die Künstlerin ist ›zu alt‹.

Das bringt mich auf die Frage: Was wird eigentlich aus den Werken all der Künstler, die für den Kunstmarkt zu alt werden? Man trifft sie auf Vernissagen, ein bisschen bedrückt – trotzig – ein wenig ›anders‹. Sie warten noch immer, entdeckt zu werden. Im Atelier, Keller, auf dem Dachboden auf Leinwänden in Mappen Bilder und Bilder. Als sie jung waren, mehr als lokale Berühmtheiten immerhin, haben sie verkauft. Da waren sie weniger vorsichtig, wagten sich an riesige Formate, große Skulpturen, zu groß für den Stauraum. Machten Reisen nach Paris. Hatten ein Atelier gleich neben Pablo Picasso an der Côte d'Azur. Pablo Picasso – PP in Antibes: Museum mit großen Werken, aber auch Kleinklein, er hat halt alles mit Farbe beschmiert, manchmal soso naja – aber der Kunstmarkt steht für PP zur Verfügung. Unsere durchaus schon bekannten Künstler dagegen sind inzwischen ›zu alt‹. Jetzt beschränken sie sich auf abstrakte Aquarelle im DIN A3-Format, die sind noch in Mappen zu stapeln. Und schreiben – vielleicht – ins Testament, wer den ganzen Krempel verwalten soll, wenn sie endgültig zu sind.

Also?

Bevor alles auf dem Sperrmüll landet – und weil wir ja nicht Bild für Bild, Blatt für Blatt in die Hand nehmen und würdigen können, keiner hat uns dazu eingeladen –, wollen wir doch die Würde zurückgewinnen: Lebenswerk. Und ein Adjektiv für den Kunstmarkt finden: zu – ? Also was?

Lebenswerk. Kunstwerk. Ein Kunstwerk i s t. Sagt Altvater Heidegger. Nicht dass wir ihn verstehen. Nein, wir verstehen ihn nicht. Sie etwa? Wir zitieren:

> *Eine Lichtung i s t. Sie ist, vom Seienden her gedacht, seiender als das Seiende. Diese offene Mitte ist daher nicht vom Seienden umschlossen, sondern die lichtende Mitte selbst umkreist wie das Nichts, das wir kaum kennen, alles Seiende.*

Also, soll heißen:

Inmitten des Seienden im Ganzen west eine offene Stelle.

Und so weiter:

Nur diese Lichtung schenkt und verbürgt uns Menschen einen Durchgang zum Seienden, das wir selbst nicht sind, und den Zugang zu dem Seienden, das wir selbst sind.

Alles klar?

Die Lichtung, in die das Seiende hereinsteht, ist in sich zugleich Verbergung. Verbergung aber waltet inmitten des Seienden auf zwiefache Art.

(Martin Heidegger, Der Ursprung des Kunstwerkes, Reclam 8446, 1960, S. 51).

Und so weiter und so weiter und so weiter und so weiter. Lauter verbergende Sätze, in denen das Wesentliche so 'rumwest. Nur in homöopathischen Dosen zu verkraften. Wir verzichten auf die Ordnung zwiefacher Art, erstens und zweitens, stellen statt dessen die einfache Frage:

Was ist Kunst?

oder vielmehr:

Was ist die Wahrheit, dass sie als Kunst geschehen kann oder sogar geschehen muss? – Wir suchen ihr Wesen im wirklichen Werk. Die Wirklichkeit des Werkes bestimmt (...) sich aus dem, was im Werk am Werk ist, aus dem Geschehen der Wahrheit.

(Martin Heidegger, S. 56f)

Ok. Genug. Wortgeklingel, weil: zu viel!

Heideggers Wortwerk »Vom Ursprung des Kunstwerkes« ist in sich Verbergung –

bringt immerhin Licht ins Dunkel, gibt dem Sperrmüll der zu alt werdenden Künstlerinnen und Künstler die Würde als Kunstwerk zurück. Man sollte den ganzen Heidegger als Dichtung zu Gehör bringen wie eine Symphonie – Musik kann ja auch kein Mensch wörtlich verstehen! Also, ich meine: mit dem Verstand.

Wir indessen drücken ›es‹ einfacher aus mit einem anonymen japanischen Dichter:

낮에는 해 등불
밤에는 달 등불
사람들 에겐
진리의 등불

Am Tag Sonnenlicht
am Abend Mondlicht
Für die Menschen
das Licht der Wahrheit
übersetzt von Huyunyu Na

Wir leben im Zeitalter der vervielfältigten Bilderwelten – der vorgefertigter Denkbahnen – und Maschinen-Gewehre – und dpa-Propaganda – und Massengräber – der Datensammler, Hacker, Drohnen-Lenker. Ein Kunstwerk über dem Sofa gleich neben dem Flachbildschirm? und was passiert dann?

Zum Beispiel der »Sänger« von Barlach. Auch wenn wir dreihundert vierundsechzig Mal an ihm vorbei gerannt sind, einmal fängt er uns doch ein und erinnert uns. An unsere Sehnsucht. An das Licht der Wahrheit. Daran, dass etwas i s t. Nicht umsonst ließ Hitler »entartete Kunst« verfolgen. Sie war gefährlich: Kunst stößt auf die Wahrheit.

> *Je einsamer das Werk, festgestellt in die Gestalt, in sich steht, je reiner es alle Bezüge zu den Menschen zu lösen scheint, umso einfacher tritt der Stoß, dass solches Werk i s t, ins Offene, umso wesentlicher ist das Ungeheure aufgestoßen und das bislang geheuer Scheinende umgestoßen. (Martin Heidegger, S. 67).*

Schon wieder ein Satz, der nicht zu verstehen ist.

> *Es bleibt ein unvermeidlicher Notstand, dass der Leser … (Martin Heidegger, S. 92).*

und so weiter und so weiter. Wir ahnen so langsam, langsam, dass diese Sachverhalte aus einem verschwiegenen Quellbereich zu denken sind – wir ›verstehen‹ erst, wenn wir es spüren, ohne es denken zu können.

Man sollte die Kunst dem Kunstmarkt entziehen! Er ist zu gierig. Er bezieht sich auf Geldwert. Aber Geldwert i s t nicht, sondern verschimmelt dann und wann im Tresor.

Also entwertet der Kunstmarkt das Werk, das i s t. Nicht anders als wenn es zu Sperrmüll wird. Denn –

> *Dieses: das Werk ein Werk sein lassen, nennen wir die* Bewahrung des Werks. *( ) So wenig ein Werk sein kann, ohne geschaffen zu sein, ( ) so wenig kann das Geschaffene selbst ohne die Bewahrenden seiend werden. Wenn also ein Werk die Bewahrenden nicht findet, nicht unmittelbar so findet, dass sie der im Werk geschehenden Wahrheit entsprechen, dann heißt dies keineswegs, das Werk sei auch Werk ohne die Bewahrenden. Es bleibt immer ( ) auf die Bewahrenden bezogen, auch dann und gerade dann, wenn es auf die Bewahrenden erst nur wartet und deren Einkehr in seine Wahrheit erwirbt und verharrt.*
> *(Martin Heidegger, S. 67f)*

schlicht: als das Licht der Wahrheit für die Menschen

Also, Kollegen und Kolleginnen:
für den Kunstmarkt zu kostbar – oder: zu alt für den Kunstmarkt – gleichviel.
Aber was dann? Unsere Werke warten, dass wir sie bewahren, vielleicht um der Schönheit willen, vielleicht um des Schreckens willen, zu schrecklich für unseren Alltag.

> *Jeder Engel ist schrecklich. Denn das Schöne ist nur des Schrecklichen Anfang.*
> Sagt Rilke.
> *Denn Bleiben ist nirgends. Aber das Wehende höre, die ununterbrochene Nachricht, die aus der Stille sich bildet.*
> *(Rainer Maria Rilke, Duineser Elegien, aus: Die erste Elegie)*

Man sollte die Kunst dem Zufall des Kunstmarkts entziehen. Statt dessen: Kaufhäuser für Kunst! Kunst-Amazon!

Fünf-Euro-Kunst! Markt-Strategien nutzen! Nicht Ikea-Deko! Über'm Sofa ein Kunstwerk, das ist in! Für Verknappung, die die Begehrlichkeit anheizt, ist gesorgt: Jedes Kunstwerk einmalig! Die Sehnsucht nach dem, was i s t, west in ja jeder, auch in der gedrückten Seele, die sich nur zu 1-€-Einkäufen aufschwingt.
Wie in dem Mann, der lange vor meinen Bildern stand: »Mann« oder »Frau«? 5 € das Stück. Er wählte »Frau«. Auf der Straße traf ich ihn wieder, sehr zufrieden erzählte er mir, wo mein Werk jetzt hängt. Ob auch »Mann« noch zu haben ist? Leider nein. So kommt es, dass »Frau« und »Mann« nun getrennt wesen – ich meine, ›da‹ sind.

Über die Menschenwürde

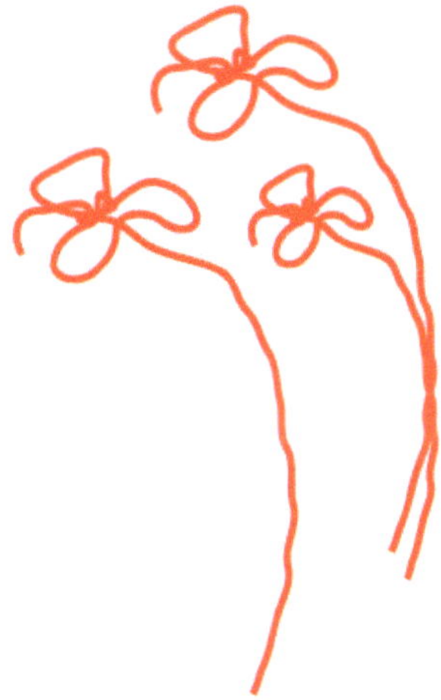

Provokation

Die Würde des Menschen ist
unantastbar?
Falsch. Ganz falsch. Es ist
nicht gut, mit falschen Sätzen
zu leben.
Richtig ist:
Wer die Würde eines Menschen nicht achtet, hat seine eigene Würde verloren.

Folterer, Sex-Käufer, Sklavenhalter – heute wie vorzeiten –, Betrüger, Hetzer, vor allem aber die Reichen, die nie genug haben können, die mehr Geld zählen, als sie ausgeben können und Lebens-Arbeitszeit unter dem Preis von Lebens-Mitteln einkaufen – sie haben ihre Würde verloren.

Das gilt aber auch für uns alle, soweit wir mit schlechtem Gewissen durch das Leben rennen, gierig nach schlechtem Ersatz – egal, ob das schlechte (deutsche) Gewissen ererbt ist oder selbst erworben, ob es begründet ist oder manipuliert durch bunte Werbebilder, die lügen.

›Wir‹ sitzen im gleichen Zug, wir denken auf den gleichen Denk-Schienen. Wir sehen die Landkarte nicht von oben und wissen nicht, wohin die Reise geht. Ausbremsen lässt sich der Zug nur mit der Energie einer nachhaltigen Emotion: Halt! Zu viel! Zeit gewinnen! Blumen pflücken am Bahndamm! Weit kann sich keine vom Zug entfernen – sie wäre verloren jenseits des Systems, in dem wir uns verständigen!

Hier ist mein Blumenstrauß: Mohnblumen, rot wie Wut.

Ich klage an: **In unseren Schulen ist der Teufel los.**

Es liegt nicht an den Lehrern und Lehrerinnen. Sie verstehen besser denn je: Zuwendung. Grenzen setzen. Das Kinder-Chaos ruhig stellen für 45 Minuten Lernstoff. Das will ja keiner wissen. Die Kinder wissen schon alles – halbgar aus bunten Bildern, die Festplatten sind schon voll. Die Anforderungen wachsen ungebremst, sind unerfüllbar. Die Mühle dreht sich zu schnell, die Lehrenden rennen in den Pausen, verbrauchen sich, drehen durch, keine Zeit, keine Zeit, kein Blick in den Himmel, keine Vertretungsreserve!
Das sind die Menschen, die an vorderster Front eingliedern sollen ins Leben. Integration. Inklusion. Die Festplatten in den Köpfen der Kinder sind schon voll von Verführung. Für Jungen Fußball: viel Geld – teure Autos – Sex mit Modells. Symbiose statt Liebe für Mädchen. Der Einstieg ins Leben verrutscht. Kein Halt gegen Heldentum, Retter der Menschheit hart wie Kruppstahl, in Syrien oder sonstwo. Kein Halt gegen *facebook-community.* Entwürdigt. Die Wahrnehmung der analogen Welt – analog: was für ein Wort! – reicht 30 Zentimeter weit in den Raum, von den Augen bis zu den Handys.

Ich klage an: **Auf unseren Straßen ist der Teufel los.**

Wir warten, geschützt gegen den Regen, der Gehirnwäsche ausgesetzt, an der Straßenbahnhaltestelle unseres Alltags – schicke Glashäuschen, regelmäßig geputzt und gewartet mit Werbung, die uns teuer zu stehen kommt: 36.000 € für eine Woche! Das zahlt sich aus! In Worten: sechsunddreißigtausend, so viel wie ich in zwei Jahren habe zum Leben. Dabei gehöre ich zu den Reichen mit regelmäßiger Rente, mehr als ich regelmäßig ausgeben kann. Ein Kilo Papierwerbung fällt jeden Tag aus der Zeitung. Das zahlt sich aus! Das Kleingedruckte gemäß gesetzlicher Vorschrift wird immer exakter. Ich fühle mich nur noch belogen. Ich mag keine Äpfel aus Plastik. Milch ›aus der Region‹ kommt aus Bayern nach Bremen. Mit Monstertrucks. Gigalinern. Felder und Wiesen sind asphaltiert und verlärmt: Autobahn-Rausch. Wir machen die Ohren zu. Mit einer Nuance Anspannung im Kern unseren Zellen panzern wir uns gegen ständigen Stress.

Ich klage an: **In unseren Köpfen ist der Teufel los.**

Am Bildschirm sitzt eine freundliche junge Frau und organisiert Bürgerkultur und kann nicht mehr. Denken. Die getroffene Vereinbarung ist nicht übertragen in die Datei. Alles geht schief, verrutscht. Die Arbeit wird dupliziert, kompliziert. Das knappe Kultur-Budget verfliegt auf Flyern für vervielfältigte Programme, Flugblätter im Wind im Müll, die Events müssen refinanzierbar sein, Künstler und Dozentinnen nagen am Hungertuch, lustig! lustig! bring doch mal etwas Lustiges! Bloß kein Bericht zum Ernst der Lage an allen Fronten!

Der Ausbruch des Dritten Weltkriegs wird hier entschieden. Das will ja keiner wissen. Hier, wo Demokratie Mitbestimmung möglicher macht als sonst bei den Völkern der Erde. Wir aber entscheiden uns mitzuspielen: Belieba, Belüga, Belunter, Beelzebub Weltuntergang, Weihnachtsmarkt Glühwein, süchtig vor laufenden Flachbildschirmen. In Selbst-Ausbeutung.

Unsere Köpfe sind abgekoppelt von Körperwahrnehmung. Das System bricht zusammen. Innen wie außen. Das Körpergehirn – Zentralnervensystem – mit seinen Selbstheilungskräften. Das Gesundheitssystem. Das Sozialsystem. Und so weiter. Und so weiter. Die Panzer der Bundeswehr erweisen sich als untauglich. Der Anspruch ist ›Schöner Leben‹. Kinder in Krippen, staatlich versorgt, aber möglichst billig! besser als Elternfürsorge! Altenpflege im Minutentakt, das will ja keiner wissen, das kommt früh genug auf uns zu! Autos vom Band bei Mercedes: 60 statt 50 in der Stunde! Griechische Sparsysteme vor Ort bis zur Entwürdigung. Arbeitssklaven weltweit. Das will ja keiner wissen. Das letzte Wort ist Geld. Wir spielen mit.

Würdelos

Die Würde des Menschen ist antastbar – so wie das Leben.

Wir in der westliche Welt leben ohne Würde.
Wir leben in Schanden – geschändet – traumatisiert.

Der verletzte Löwe gerät in Wut, ist gefährlich, nicht mehr einschätzbar. Er mobilisiert alle Kräfte. Die angegriffene Antilope rennt um ihr Leben. Bevor der Jäger sie einholt, hat sie eine letzte Chance: Sie friert ein, verfällt in Todesstarre, markiert den toten Mann – fährt die mobilisierte Kraft von 100 auf 0 zurück – wie wenn ein Auto kurz vor dem Abgrund plötzlich zum Stehen kommt: Alle Insassen fliegen nach vorne, aber die Karosserie hält, rettet das nackte Leben. *(Peter A. Levine, Das Erwachen des Tigers, 1999).*

So wirkt Trauma: Wir leben wie traumatisierte, verwirrte Insassen. Dabei spüren wir, wir leben verkehrt. Unsere Welt ist nicht richtig, gerät ins Schlingern. Wir träumen den Traum von Reichtum und Wellness und Paradies, allabendlich in die Wohnzimmer geliefert. Wir wechseln von Todesstarre in Wut, von Depression in Größenwahn. »Man kann ja nichts machen«: Das ICH verschwindet, versteckt sich wie ein Kind im Dunkeln, das Angst hat allein zu sein. »Wir sind das Volk«: Das ICH verschmilzt im WIR zur großartigen Illusion, zusammengekittet von Wut, die zum Brandsatz wird. Würde ist nicht gefragt, nicht die der Anderen, nicht die eigene. WIR beanspruchen Paradies. WIR hetzen. WIR sind unser Gesetz. Gesetzlos schänden wir. Uns selbst.

›In Schanden‹ lebte früher eine Frau mit unehelichem Kind – und dieses Kind, der ›Bastard‹. Die Frau hat ›Schande‹ über ihre Familie gebracht. ›Geschändet‹ kann ein Altar sein, ein Heiligtum – oder eine vergewaltigte Frau, ein Kind, dass sexuell ausgebeutet wurde.

Der Kindsvater, der Vergewaltiger ging frei aus.

Die Schande der Frau ist eine Realität. Ute zum Beispiel. Sie sitzt allein im Zug, ein altmodisches hölzernes Abteil, eine Nebenstrecke, Göttingen – Uslar – Karlshafen. Der Schaffner tritt ein, fordert die Fahrkarte, tritt ihr zu nahe, greift nebenbei nach ihrer Brust, verlässt sie, als sei nichts geschehen.

Sie bleibt erstarrt zurück – wie die Antilope, die sich unterwirft. Schämt sich. Ist vereist in Scham. Schämt sich, dass sie allein ist, nicht geliebt, ist allein schuld, sie ist nichts, sie hat keine Würde – ein Wort, das sie nicht denken kann. Der Schaffner kann nach ihr greifen, sich achtlos seinen Teil am Profit des Missbrauchers greifen, dessen Schande sie seit ihrer Kindheit durch die Welt trägt.

Die Schande ist Realität. Für Ute nicht anders als für ein Folteropfer, für einen KZ-Häftling, der sich schämt, überlebt zu haben: ohne Würde – weniger als ein Gegenstand – mit Lücke im Selbst – Trichter mit Sogwirkung, in dem das Selbst verschwindet.

Wer sein Selbstbild mächtig aufbaut mit Untat, delegiert die ›Schande‹ der Untat an sein Opfer. Es geht nicht um Sünde und Strafe. Es geht um den Zusammenhang von Selbstverachtung und Menschenverachtung. Untat ist Folge von Würdeverlust. Deswegen ist es wichtig, *dem Un-Täter* die Würde abzusprechen. Ein Tabu zu formulieren.

Zum Beispiel die Grenzen des Reichtums zu klären: Genug ist genug.

Würde

Genug ist genug. Das letzte Wort ist nicht Geld.
Des letzte Wort ist: Leib. Liebe. Leben. Lob.

> *»Es gibt kein wirkliches Wort, das nicht gleichzeitig Praxis wäre. Ein wirkliches Wort sagen heißt daher, die Welt verändern. Menschliche Existenz kann nicht im Schweigen verharren, auch kann sie nicht von falschen Worten genährt werden, sondern nur von wirklichen Worten, mit denen Menschen die Welt verwandeln. Menschlich existieren heißt die Welt benennen, sie verändern. Einmal beim Namen benannt, erscheint die Welt wiederum den Benennern als Problem und verlangt von ihnen neue Benennung. Menschen wachsen nicht im Schweigen, sondern im Wort, in der Arbeit, in der Aktion-Reaktion.«*
> *(Paulo Freire, Pädagogik der Unterdrückten, Reinbek bei Hamburg 1973, S. 71).*

»Die Würde des Menschen ist unantastbar« ist so ein wirkliches Wort: unerhört nach einer Zeit, in der Menschen wie Ungeziefer vernichtet wurden, sehr wirksam in unseren Köpfen. Ein Wort, das nach neuer Benennung verlangt.

Hier ist meine Antwort, rot wie die Freude:
Würde ist für jeden Menschen vorhanden.

Würde ist ein Geheimnis und hat zu tun mit unseren ›Fehlern‹, also mit dem, was dem Menschen fehlt. Solange er atmet, solange das Herz schlägt und der Blutstrom alle Zellen des Körpers versorgt, kann jeder Mensch Würde leben.

Wir sind verletzlich. Wir sind sterblich. Wir sind ›nackt‹ und müssen uns nicht dafür schämen – wie Adam und Eva. ›Gott‹ macht uns Kleider für das Leben jenseits des Paradieses – oder vielmehr: Wir haben die Fähigkeit, für uns zu sorgen, zu arbeiten – mit Mühe! – Geld zu verdienen, Schmerz auszuheilen. Wir sind verantwortlich: Wir finden eine eigene Antwort auf das, was uns fehlt – jeder und jede für sich. Allein. Wie die Freude ist

Würde nicht mitteilbar. Mein Lächeln kann Dich ermutigen – aber Du musst es selbst tun, um meine Freude zu teilen.

Wer in Würde lebt, ist nicht länger Opfer, sondern Täter seines Lebens.

Zum Beispiel: Computer-Sklaven beginnen den Bummelstreik mit Hilfe eines ausgeklügelten Weckers, der sie in ungleichmäßigem Stundenrhythmus er-innert. Zwischendurch – mitten ins ausgelagerte Denken hinein. Mahnt an das eigene Dasein.

Lasst uns den ›*Zunehmenden Bummelstreik*‹ organisieren. Räume integrieren –
von den Fußspitzen bis zu den Haarspitzen. Vom ICH zum DU. Von hier bis zum Baum dort. Bis zu den Domspitzen, ja, achtzig Stockwerke hoch bis zum Restaurant im World-Trade-Center in Peking. Fühlen. Bis in den Sternenhimmel.
Die Erde trägt uns. Das Firmament hält sie im Gleichgewicht.
Die Welt ist wirklich, nicht analog. Wir müssen sie nicht retten.

Würde, das ist:
Mit Fehlern einverstanden sein. Mit Verletzlichkeit. Mit Einsamkeit. Mit der Mühe. Mit dem Tod. Die Freude des Kindes wiederfinden, das Halleluja. In allen Zellen des Körpers.

Ich sehe meine Enkelin vor mir:

Sie sprang aus der Haustür in die Sonne und sang: Ich freue!

Die Seifenblase – zerplatzt. Die schöne Seifenblase – zerplatzt unweigerlich.
Die schöne Seifenblase. Das Schloss von Segulda verfällt, die Pracht von Sanssoucis. Macht ist nicht Macht. Der Sonnenkönig hat keine Zähne – die haben ihm die Ärzte gezogen, als er noch Kind war, Prinz, damit der kommende König nie Zahnschmerzen hat. Was ist das, ein Sonnenkönig mit Zahnschmerzen, undenkbar! Das geht gar nicht! Der Sonnenkönig stinkt aus dem Mund, der Sonnenkönig kann nicht beißen, nicht scheißen, sich nicht allein ankleiden. Der Sonnenkönig – eine Marionette seiner Ärzte und Diener: Der Machtkampf unter ihnen läuft ohne ihn ab, dieweil er thront. Er empfängt auf dem Thron, dem *pot du chambre royal*, der seine Hasenködel auffängt.

Möglich, dass der zahnlose König sehr böse geworden ist, das wäre nur zu verständlich, eine natürliche Reaktion. Das weiß ich nicht, das stand nicht in meinem Schulbuch. So böse wie Hitler. Hitler hatte Magenschmerzen.
Die Frage ist: Wozu ist das Böse gut?

Hitler war besessen von einer Idee. Das macht: In Aizpute, einem Städtchen mit zwei Straßen in Kurland, heute Lettland, wurden die Juden erschossen. So viel Macht hatte Hitlers Idee. Erst erschoss man einzelne. Dann werden alle eingesperrt in der Synagoge, Frauen und Kinder und Alte und Männer. Abtransportiert. Mit Spaten graben sie ihr Grab. Sie werden erschossen. Vier Kilometer vor dem Ort. Man kann das Schießen hören. Die Kinder haben das Schießen gehört. Als alte Menschen können sie davon erzählen, jemand hört ihnen zu. »Danach war es sehr leer und still«, sagt eine. »Sie waren alle betrunken«, sagt einer. Die, die geschossen haben. Ein Nachbar war dabei. Danach verschwand er aus Aizpute.

Hitlers Idee hat sich verbunden mit Geld, mit Waffen. Arbeitsplätzen. Autobahnen. Angst. Vor allem mit Größenfantasien. *»Kameraden, unsere Speere / werfen wir in fremde Meere / schwimmen nach und hol'n sie ein. Kameraden, unsre Speere / sollen Pfeil und Ziel uns sein! – Kameraden, fremde Welten / hocken nachts bei unseren Zelten / wenn die Feuer tief gebrannt. Kameraden, fremde Welten / singen leis' von unserm Land.«* Seifenblase. *»Und wenn die Welt in Scherben fällt …«*. Die Täter sind Opfer. Junge Männer, rekrutiert nach dem Abitur. Beim Barras geschliffen. Zwei Verlorene wandern endlos durch den russischen Winter, Lappen um die Füße gewickelt. Die Kameraden sind alle tot. Sie – kommen nie an. Draußen vor der Tür. Mit 80 fällt mein Onkel die Tannen im Garten. »Das habe ich in Russland gelernt«, sagt er.

Was hält die Idee ›China‹ zusammen? Die Idee ›China‹ ist eine Seifenblase. Der chinesische Ministerpräsident wedelt mit dem Scheckbuch: »Ihr habt Schwierigkeiten mit Griechenland?«, fragt er. »Wir könnten …« Den Hafen Piräus kaufen. Er könnte Schwierigkeiten mit dem Dollar kriegen: Die USA sind hochverschuldet – an China. Die USA erhöhen den Leitzins. Das macht China arm.

Die Idee ›Sowjetunion‹ ist schon zerplatzt. Gorbatschow war enttäuscht von den baltischen Staaten. Er hatte ›Glasnost‹ als Gastgeschenk im Gepäck – ein Vertrauen erweckendes Konzept. Dagegen stand eine Idee: Lettland. Estland. Litauen. Eine gute Idee, besetzt mit Sagen, Liedern, Sehnsucht und einer alten Sprache in jedem der Länder. Das Konzept ›Glasnost‹ ist daran zerbrochen. Die Seifenblase ›Sowjetunion‹ lebt weiter in den Fantasien eines kleinen Mannes und seiner Fans – und bedroht das Baltikum. »Putin ist verrückt«, sagt eine junge Frau aus Moskau in Segulda. Sie sagt schlicht »verrückt«.

Nun weiß ich nicht weiter. Wir wissen nicht weiter. Wir haben keine Konzepte. Wir leisten uns Menschenwürde. Aber was ist Menschenwürde, wenn ein Trucker auf der Autobahn von Köln nach Calais von Flüchtlingen überfallen wird, die das

Schiff ›England‹ entern wollen, die Idee vom reichen Europa in den Köpfen. *»… singen leis' von unserm Land.«*

Die Idee vom reichen Europa hat sich verbunden mit Hunger, Aussichtslosigkeit.
Falsch.
Mit Wut, Todesmut, Überlebenswillen.

Die Emotionen schnappen sich zur Rechtfertigung ein vernünftiges Konstrukt. Daran zerbrechen die Konzepte. Das Gute ist nicht mehr gut, das Böse nicht böse, alles, was passiert, verbündet sich mit einer Idee, mit Übermut, mit bunten Bildern, die lügen. Jede Behauptung wird illustriert mit Dokumenten aus dem Archiv. Jeder Kommentar in der Presse wiederholt schon Bekanntes. Die Regenschirme werden größer, die Bildschirme in den Wohnzimmern, die Schriftzeichen und Karikaturen in der Zeitung! Bildzeitungen sind in. »Die Menschen sind glücklich!«, sagt jede Werbung an jeder Wand und verpflichtet zum Glücklichsein. Seifenblasen! Die Menschen lesen nicht mehr, das Denken ist ausgelagert in Denkmaschinen. Bis zur Krisis, bis zum Absturz aller künstlichen Intelligenzen.
Scherben! ›Unsere Demokratie‹ ist schon lange keine Idee mehr, mit Interesse und Hoffnung verbunden, ist zum Konzept verkommen, ein mühsames Geschäft, wo nicht ein schwer durchschaubares Pokerspiel. Wir spielen mit Geld. Die Diener beherrschen die Herren, auch die Diener des Staates. Die Opfer spielen mit beim Spiel der Täter – und profitieren! »Das Schlimmste ist der Vertrauensverlust!«, sagt unsere Kanzlerin. Die Landschaft gibt ihr Recht, die gelben vertrockneten Bäume am Waldrand, die sich schon im Sommer verabschiedet haben. »Die Kinder siedeln sich im Tod an!«, titelte vor zwanzig Jahren ein bekanntes Wochenmagazin. Es gibt keine politische Lösung.

Was läuft schief? Verspielen unsre Konzepte die Zukunft? Haben wir uns selbst gefesselt? Ist unser Anspruch ans Leben zu groß? Ist die Lage denn aussichtslos?

Nein, warum? Wenn nichts mehr geht, ist die zutreffende Beschreibung – im Umkehrschluss – Schlüssel zum Neuanfang. Die Lösung findet im Zentrum statt, innen, im Mittelhirn, in der Amygdala, wo jeder Gedanke eingefärbt wird mit Hoffnung oder Verzweiflung. Die Lösung ist Neuschöpfung. Vertrauen fassen. Vertrauen ist ein Geschenk, mit dem wir umsichtig umgehen. Worte wie ›Freiheit‹ und ›Rendite‹ und ›Menschenwürde‹ müssen wir wieder vergessen. »Man muss wieder so einfach werden wie wachsendes Korn oder fallender Regen«, schrieb Etty Hillesum 1943 in Westerborg, bevor sie auf Transport ging.
(Das denkende Herz, Tagebücher von Etty Hillesum 1941 – 1943, rororo 1985)

Allein sitzt sie bei einem Glas Wein und schaut auf das Wasser. Ebbe. Fließen ins Abendrot. Schwarm schwarzer Vögel. Sie schnattern. Wie die Paare an anderen Tischen, die »Kutterscholle« bestellen oder »Krabben mit Rührei«. Grenzgänger, denkt sie – und entdeckt eine Spinne zwischen den Spanten, die den glasklaren Windschutz halten. Eine Spinne, die sich ohne Halt im Abgrund bewegt. Scheinbar ohne Halt. Hin und zurück. Wie hat sie den ersten Faden gesponnen? fragt sie sich, während vor der krausen Wasserfläche ein unsichtbares Netz entsteht. Grenzgänger bauen Netze. Brücken. Hin und zurück. Geben nicht auf. Schmuggler von Hoffnung. Es reicht nicht, auszubrechen. Zu fliehen. Grenzgänger gehen über das Wasser, nein, werfen einen Stein an das andere Ufer und folgen seiner Bahn – ach …

Der Wein wirkt, entspannt das Grübeln in ihrem Hirn. Sie sollte den Gedanken jetzt loslassen, dem Feuerwerk der Synapsen überlassen, dem nächtlichen Traum. Sie möchte zahlen, winkt der jungen Frau, lässt mit der Quittung noch ein paar Groschen auf dem Tisch zurück.

Bewegung im Becken tut gut. Sie geht die Strandpromenade entlang Richtung Fähre, die wie ein roter Strich hinüber, herüber wechselt, schon Lichter gesetzt hat. Hinter den Windrädern über Bremen ballt sich die Nacht zu einer blauen Wolke. Sie geht, setzt jeden Fuß aufmerksam, fühlt sich getragen. Bei der Signalstation kehrt sie um, über der Werft leuchtet noch Licht. Ein erster Stern setzt sich durch. »n' Abend, Frau Weiß«, sagt einer hinter ihr, steigt vom Fahrrad, »heute zu Fuß?« »Wieso?« fragt sie überrascht, »'n Abend, Herr Roth!« »Gestern waren Sie mit Rad unterwegs – mit einem Blumenstrauß!« »Ja, ich muss immer Unkraut pflücken für meine Vasen«, lacht sie und freut sich auf ein Gespräch. Sie gehen ein Stück zusammen. Wie alle zurzeit kommen sie sehr schnell auf die Flüchtlinge zu sprechen. Oben an der Gerhard-Rohlfs-Straße soll jetzt das Hartmann-Stift fertig zur Aufnahme sein. Aber die Flüchtlinge bleiben nur kurz. Da kann man wenig helfen.

Helfen?, denkt sie, nachdem der andere sich verabschiedet hat. Ja, sicher, solange man helfen kann. Also – man fühlt sich sicherer, wenn man helfen kann. Aber was jetzt passiert auf den Bahnhöfen von Ungarn, in Wien, in München ... Züge mit 1000 Menschen ...

Wir leisten uns Menschenwürde ... aus gutem Grund. Unsere Geschichte ... Das ist unsere Würde. Nicht unser schlechtes Gewissen, das trägt nicht.

Sie ist an ihrer Haustür angekommen, sucht den Schlüssel in der Tasche, schließt auf. Ja, genau, denkt sie, meine Würde definiert die Grenzen des Helfens. Die Grenzen sind innen, nicht außen. Im Kopf. Nein, lieber: im Herzen. Jedenfalls – Stacheldraht rund um Europa? Das funktioniert nicht, das haben wir schon gelernt, 1989, als unter dem Ansturm der Menschen in der Prager Botschaft – und wie jetzt in Ungarn – die Mauer bröckelte.

Sie macht Licht. Sie hat eine große Wohnung für sich allein. Der pure Luxus! Sie ist nicht gewillt, zu teilen – jetzt nicht. Das ist der Raum, den sie sich geschaffen hat, damals, als sie aus allen Netzen fiel, als sie zu zerschellen drohte. Die Ehe zerbrach, die Freundschaften wurden die ihres Mannes, ihr Vater verfluchte sie, das Kollegium fiel über sie her ... na ja, sie wollte die Welt retten, das haben die Menschen nicht gern. Sie, die Emanze.

Kein Ort nirgends.

Das will ja keiner wissen. Die vielen verletzten Jahre ...

nicht vergleichbar mit dem Trauma eines Flüchtlings aus Syrien? ... doch doch! Irgendwo in ihrem Gehirn zwischen Synapsen, die nicht mehr feuern, sitzt das kleine Mädchen, das sie einmal war, eingekapselt in seine Angst vor dem Vater, vor dem traumatisierten Helden der Hitlerei, der –

das will ja keiner wissen. Sie auch nicht mehr. Sie hat die Suche aufgegeben, hat sich eingerichtet in Einsamkeit, hat ihre Würde wiedergefunden.

Das ist Lebensaufgabe: die Würde der Einsamkeit finden, denkt sie, das Selbstgefühl. Boden unter den Füßen. Das ist Aufgabe jedes Flüchtlings. Manche kommen nie an. Der Polizeichef des Schahs zum Beispiel, dem sie 1980 in Kattenturm in seiner Wohnung gegenübersaß. Als Lehrerin seiner Tochter. Die Mutter sprach. Der Vater verstand kein Wort, blieb stumm.

So, denkt sie, es ist so – sie setzt sich an den Schreibtisch und schreibt den Gedanken ins Tagebuch, sie will ihn nicht vergessen – : *Für die Flüchtenden ist ihre Welt zusammengebrochen, unter den Füßen weggerutscht. Erdrutsch. Das Wasser fließt abwärts ins Tal. Das Tal kommt ins Rutschen. So kommt unsere siebzigjährige Sicherheit ins Rutschen mit all ihrem Wohlstand, aufgebaut seit dem letzten Weltkrieg. Wir glauben, wir hätten Anspruch darauf – unser Anspruch gerät ins Rutschen. Panik! All die eingefrorenen traumatisierten Kriegskinder, von denen nie jemand wissen wollte, geraten in Panik … Nicht nur bei der alten Generation. Familiengeheimnisse werden weitergegeben an die Nachkommen. Die Frage ist also: Was ist unsere Würde? Wie verteidigen wir unsere Würde gegen die Panik?*

Orban hat Recht, denkt sie. Der ungarische Präsident. Es ist ein deutsches Problem. Ein Problem von ›Wir sind wieder wer‹: Die Scham der Besiegten ins Quadrat gesetzt mit der Scham der Täter. All die Mühe des Nachfragens und Umdeutens, die meine Generation geleistet hat, mündete in der Akteneinsicht der Stasi-Opfer: Den Opfern die Würde zurückgeben! Den Tätern auch? Wie finden sie zurück? Ach, ich weiß nicht. Der deutsche Reichtum ist jedenfalls keine Lösung. Auch nicht die Fußball-Weltmeisterschaft. Das schlechte Gewissen erst recht nicht, davor müssen wir uns hüten.

Ach, das ist alles in Kladde gedacht.

Jedenfalls spielt das alles mit. Die Gäste müssen die Würde der Gastgeber respektieren lernen. Damit sie die eigene Würde wieder erleben. Deutschland ist kein Paradies. Wir müssen mit unseren Möglichkeiten umgehen – nicht alles möglich machen.

Ja, na ja, was soll's, sie findet keinen Ausweg, sie ist schon wieder dabei, die Menschheit zu retten, das kann sie auch lassen! Sie ist gar nicht gefragt. Abschalten. Wo ist der Knopf zum Abschalten? Ein Stück Schokolade, ein Pfefferminz-Tee, sie schaltet das Radio an, Klassik, Mendelsohn, ach nein, wirklich nicht, sie drückt wieder aus, nimmt die Patience-Karten. Das ist gut.

In der Nacht träumt sie einen furchtbaren Kampf. Sie träumt mit allen Zellen des Körpers, sie kämpft angespannt einen ungleichen Kampf: Sie ist allein mit dem Mann. Er soll sie umbringen. Die Regie-Anweisung für ihn ist, dass er sie umbringen soll. Aber das weiß sie nicht. Das weiß sie als Träumende, nicht als das Kind im Traum …

Sie wacht auf. Sie hat den Kampf bestanden. Die schreckliche Angst in allen Gliedern lässt nach. Sie atmet. Sie kann die Türen nun aufschließen gehen, auch die letzte, und den Mann aus seiner verzweifelten Lage befreien … Sie wacht auf.

Gelöst! Sie hat ihr Problem gelöst! Den ganzen Tag lang ist sie weich und offen – wie eine ist, wenn Kopfschmerzen aufgehört haben. Sonnentag, innen und außen. Frühstück auf der Terrasse. Pferdegetrappel: Hochzeitskutsche jenseits der Hecke! Sie lacht. Im Garten besuchen die Bienen Lavendelblüten. Den Weißkohl küsst ein Kohlweißling. Eine Amsel huscht zwischen die Pflanzen. Sie schneidet eine rote Rose ab, stellt sie als Geschenk neben ihr Bett. Sie hat noch so viel vor! Heute nicht. Heute will sie nicht arbeiten, heute ist Fest.

Erst am Abend – es wird schon früh dunkel jetzt – greift sie zur Zeitung. Da holt ihr Thema sie wieder ein: Grenzgänger. Wegen eines Zitats von Nietzsche. Die Rubrik »Bildung ist …« zitiert berühmte Männer. Berühmte Frauen sind kaum gefragt. Egal. Oder vielmehr: Genau! So ist es! Also das Nietzsche-Zitat, sie schreibt es in ihr Tagebuch: *Im Gebirge der Wahrheit kletterst du nie umsonst: Entweder du kommst schon heute weiter hinauf, oder du übst deine Kräfte.*

Sie ergänzt: ... *oder du stürzt ab. Über den Rand ins Bodenlose. Das ist nicht unwahrscheinlich. Es geht um den Zeitgeist. Der Zeitgeist wünscht nicht, dass einer wie einst die Propheten im Gebirge der Wahrheit rumklettert! Das hat Nietzsche uns unterschlagen.*

Nun hat sie Fuß gefasst in dem, was sie sagen will, worüber sie sich klar werden will: *Die Wahrheit der Grenzgänger will niemand wissen. Das liegt in der Natur der Sache: Die Grenzen des Denkbaren sind überschritten, die Landkarte im Gehirn reicht nicht so weit. Jenseits ist Terra inkognita, Absturzgefahr. Grenzgänger wagen den Schritt über den Rand nicht ohne Not. Jenseits hört die Verständigung auf. Die Denkbahnen sind nicht mehr vorgespurt, es gibt kein soziales Netz.*

Snowden zum Beispiel – wie geht es ihm nun in Moskau? Erst war er Held, in aller Munde. Manchmal besucht ihn noch ein Journalist, ein Filmemacher. Aber – spricht er inzwischen Russisch? Hat er Freunde? Eine Arbeitsgruppe, die mit ihm das Material durchforscht? Es scheint ein großes Meer zu sein. Oder fischt er allein nach neuen Nachrichten von alten Abhör-Skandalen, um sich für die Presse in Erinnerung zu bringen? Wird er bezahlt?

Nichts bewegt sich. Für Frau Merkel ist Amerikas Freundschaft zu wichtig. »Abhören unter Freunden – geht gar nicht!«? Geht doch! Es geht um Macht. Nicht nur für Putin, zu dessen Geisel Snowden sich nach langem Sträuben hat machen lassen. Auch bei uns: Der Untersuchungsausschuss des deutschen Bundestages fragt vergeblich nach? Was spielt sich ab jenseits der Denk-Landkarte, die man uns zur Verfügung stellt?

Machtstrukturen. Gewalt gegen Kinder. Tabu. Das macht Sinn, festigt Machtstrukturen: Das Kind kennt nichts anderes. All seine Weltwahrnehmung ist eingebettet in das zentrale Gefühl Angst im Mittelhirn. Angst macht eng. Alle Zellen übernehmen das Spannungsmuster. Das Kind meint, das muss so sein. So als Erwachsener – als Soldat zum Beispiel, der sich gebunden fühlt an den Treueschwur auf den Führer. Oder

Snowden, solange er wie seine Kollegen an die Legitimation der NSA glaubte. Die Machtstruktur wirkt unterschwellig als Anspannung in allen Zellen: Du darfst nicht merken! Welche Not hat Snowden veranlasst, den Schritt über den Rand zu tun, Freundschaften, Wohnung, Wohnviertel, Sprache, die Landkarte seiner Prägung aufzugeben, das Leben zu riskieren? Den Schritt über den Rand zu tun? Aus. Absturz.

Das ist, was passiert, wenn einer abstürzt: Schneetreiben im Kopf. Pfeffer und Salz – wie auf den Mattscheiben der alten Schwarz-Weiß-Fernseher damals. Nichts hält stand. Das ganze System bricht zusammen. Das Gehirn versagt, zieht den Körper mit sich ins Nichts …

Das ist das Risiko, wenn Gruppendruck und Schweigen sich schließen als schwarzer Kreis. Die Chance? Neubeginn. Neue Synapsen-Verbindungen, neue Ideen, Wege, Beziehungen. Außenseiter erweitern den Kreis. Es gibt hier so viele Außenseiter, jeder und jede allein. Viele Einzelgänger bringen das ganze System ins Wanken, das Gleichgewicht kippt, die andere Waagschale sinkt nach unten. Das Spiel sortiert sich neu.

Eigentlich die alte Geschichte von Abraham, der Vater und Mutter verlässt, eine eigene Heimat findet. Aber Abraham hatte einen Gesprächspartner. Hatte Vertrauen. Und ich? Wie spinne ich den ersten Faden über den Abgrund? Oder Snowden – besteht er Ausgrenzung in Würde? Findet er zurück zu den Menschen? Verfällt er in Hass? Lässt er sich im Machtspiel missbrauchen?

Sie ist müde. Sie will nicht mehr nachdenken. Immer die gleiche Frage nach Macht und Machen. Andere heizen die Panik an, profitieren. Andere leben erst gar nicht aus Angst vor dem Tod. Wozu ist das Böse gut? Wir stehen sowieso immer auf der Grenze, irgendwie ist das normal.

Herbstnebel ertränkt den September-Morgen, der folgt. Sie entschließt sich, die Fenster zu putzen, um ihn zu vertreiben. Griechenland soll endlich die Reichen besteuern!, denkt sie, während sie auf die Leiter steigt. Wie kommt sie denn darauf!? Ach – der Traum letzte Nacht: Der Schaffner verlangt eine beachtliche Nachzahlung, weil meine Bahncard in Griechenland nicht gültig ist. Doch, sage ich, ich habe ja eine Extra-Gebühr bezahlt. Ich kann das nachweisen, lege die Quittung vor. Der Schaffner ist gnädig, trägt das fehlende Kreuzchen nach.

Während sie Strich für Strich mit dem Lappen über das Fenster geht, wundert sie sich: Vor kurzem sprachen noch alle von Griechenland! Dabei herrschen in Bremen längst griechische Verhältnisse: jede Menge Millionäre – ein hoch verschuldeter Staat. In Bayern wartet Herr Seehofer nur auf Gelegenheit, für Bremen ›Schäuble‹ zu spielen! Das bringt sie auf eine Idee: Wie wäre es mit einem Soli für alle, die mehr als 6.000 € verdienen? Sie denkt an 1.000 € im Monat, wer freiwillig mehr zahlt, zahlt weniger. Na ja, das ist noch nicht zu Ende gedacht. Oder er bekommt das Bundesverdienstkreuz … Freiwillig. Freiwillig ist gut. Geld wird sowieso überbewertet. Nur: ohne Not werden die Reichen nicht Grenzgänger ihres Imperiums …

Wie wär's mit ein bisschen Gruppendruck? Sie lacht. Die Sonne erscheint – und sie entdeckt in den Zimmerecken oben unter der Decke jede Menge Spinnweben. Wie konnte sie die übersehen? Sie holt einen langen Besen und angelt sorgfältig. Jede Spinne, die sie erwischt, trägt sie auf die Terrasse, wo sie sich eilig davonmacht. Vorher beobachtet die alte Frau, wie es funktioniert: Die Spinne stürzt sich vom bedrohlichen Besen in den Abgrund – und fängt sich mit einem blitzschnell gesponnenen Faden. Da hängt sie also. Dann gibt sie sich einen Schwung und schaukelt, bis sie auf ein Jenseits trifft, an dem sie anknüpfen kann. Aus eigener Kraft. Ach so. So einfach ist das! Danke, Kollegin! Altweibersommer.

Sie will den Besen wegräumen, da klingelt das Telefon. Ein Künstler ist dran – wegen der Soirée, die sie veranstalten will. Eine angenehme Stimme. Er stellt sich vor. Auch ein Grenzgänger. Zwischen Europa und Südamerika. »Voodoo«, sagt er, »ist ganz etwas anderes.« Er spricht von den Schwarzen in Amerika und von den Indianern, von den Inuit, vom Buddhismus in Tibet. Dann – das ist merkwürdig – formuliert er kurz und klar, worum es geht: »Hier ist so viel Aggression«, sagt er. »Wir haben Jahrhunderte lang männlich gelebt: Erobern. Das hat uns Reichtum gebracht – und an den Rand des Abgrunds. Wir brauchen mehr Weibliches: Heimat. Vertrauen.«

Am Ende

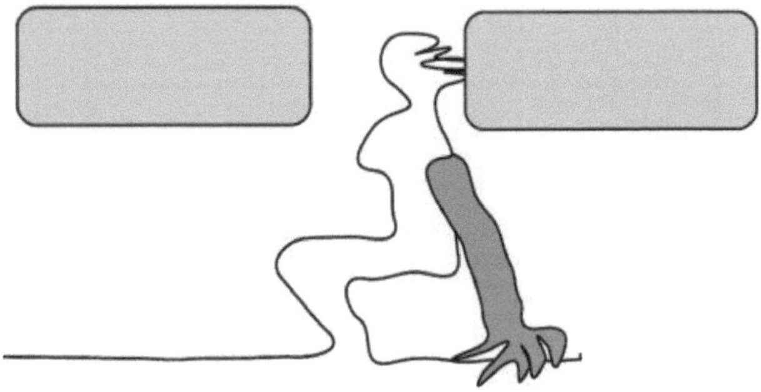

Der Mann ist alt. Er hat schon lange gelebt. Er hat die Spielregeln des Lebens gelernt. Er weiß die Spielregeln des Lebens auswendig. Inwendig.

Die wichtigste Regel ist: Du kannst verlieren.

Das ist egal. Du kannst ein Spiel verlieren – dann stellst du deine Figuren neu auf. Die Schachfiguren. Ein neues Spiel. Das Leben ist wie ein Schachspiel. Jeder Spieler hat seine Figuren. Jede Spielerin hat ihre Figuren. Niemand ist stärker als der andere.

Die wichtigste Regel ist: Höre nicht auf.
Wenn du am Zug bist, bewege eine von deinen Figuren.
Wenn das Spiel zu Ende ist, stelle deine Figuren neu auf. Wenn du das Spiel verloren hast. Wenn du das Spiel gewonnen hast. Das ist egal. Spiele wieder mit. Mische dich ein.

Der alte Mann ist alt. »zu alt«, sagen sie ihm. Aber das stimmt nicht. Er ist nicht zu alt. Er mischt sich ein. Er hat etwas zu sagen. Was hat er zu sagen? »ICH«, sagt er. Er sagt nicht: »ICH allein« oder »ICH vor allen anderen«, sondern einfach nur: »ICH«. »Ich spiele mit.«

Zu anderen sagen sie: »zu dumm«. Oder: »zu klein«. Oder: »zu arm«. Oder: »zu dick«, »zu hässlich«, »zu anders«,

»un-normal«, »zu verrückt«. Und so weiter. Sie finden immer einen Grund. Sie wollen nicht, dass du mitspielst. Dass du auch dein ICH sagst. Dein »Ich spiele mit.« Sie wollen die Figuren allein regieren. Sie wollen auch deine Figuren haben. Sie spielen falsch. Es gibt Falschspieler.

Manchmal, sagt der alte Mann, sammle ich meine Figuren wieder ein. Ich sammle all meine Figuren ein – und gehe weg. Das ist das Schwerste. Ich bin dann traurig. Das geht durch mich durch wie ein Riss: Ich möchte bleiben. Ich möchte mitspielen. Ich entscheide mich, zu gehen. Ich sammle all meine Figuren ein und gehe weg. Weil ich sehe: Sie spielen falsch. Ihre Spielregeln stimmen nicht. Ich kann das nicht ändern. Sie lügen.

Das macht mich: irre. Das Machtspiel macht mich: verwirrt.

Also entscheide ich mich, zu gehen.

Ich spiele woanders weiter. Mit anderen Menschen. Ich höre nicht auf zu spielen. Solange bin ich nicht zu alt. Zu anders. Oder so. Egal. Solange ich mitspiele, spiele ich mit. Das Spiel des Lebens. Ich kann es dabei verlieren. Das Leben.

Sagt der alte Mann.

Sicher, ich werde sterben. So wie so. Ich lebe.